手把手教

财会专家手把手教你

会计做账实务

姚和平／著

经济管理出版社

ECONOMY & MANAGEMENT PUBLISHING HOUSE

前　言

　　本书以我国最新企业会计准则为依据，为了适应市场经济发展对会计工作的新要求，向社会普及会计知识，满足广大群众学习财会知识的强烈愿望，让更多青年了解会计学的基本原理，掌握做账的技能、技巧，剔除了陈旧过时的内容，使读者学即有所成。会计做账知识的重要性对初次接触会计的人来说是举足轻重的，尤其对于没有经过系统化、专业化培训的从业人员，在其实际工作中，更是困扰于会计的各种基础理论、相关会计法律法规、工商管理知识等内容。本书编者的主要目的是解决实际工作中经常遇到的问题，采用浅显易懂的语言形式，将最基本、最实际、最重要的会计做账必备知识从系统的角度一一精选，使读者可以很轻松地把握知识点，兼顾理论的分析，讲解实用的做账技术，并从不同的企业性质入手，对工业、商业、股份制公司和外商投资企业的主要业务做全面介绍，特别适合初学财务会计知识、了解会计工作的特点、尽快进入会计工作角色的需要。侧重于会计实务和清晰的会计工作实务剖析是本书的一大特色，相信在读完本书之后，必会受益匪浅。

　　从结构上看，全书层次分明、重点突出，具体分为：会计凭证、会计账簿、会计报表、记账方法、建账方法、会计做账以及真账实做七大部分，依据企业可能发生的各类经济事项，通过真实做账的方式，全面介绍了企业会计人员应如何登记记账凭证、制作"T"字账、制作记账凭证汇总表、登记现金日记账、登记银行存款日记账、登记明细分类账、登记总分类账；详尽介绍了会计要素的含义和分类，会计科目的设置，账户的结构，复式记账法的运用，会计凭证的填制，会计账簿的登记，会计报表的编制，对账、查账等会计工作中需要掌握的最基础的会计知识，为做好会计工作打下了扎实的基础，对企业会计实务工作者来说，具有直接参考价值，在一定程度上起到了工具书的作用。本书既是初学会计者的自学教材，又是企业会计实务工作者的继续教育教材。

　　由于会计学科是一门循序渐进的学科，本书限于编者的水平和时间，若有不当之处，敬请广大读者批评指正，以便指导今后的工作。

　　本书在编著过程中，得到丁朋、于凡、周滢泓、朱丽、袁登科、冯少华、郭海平、丁荆先、曹的郡、王澄宇、卓盛丹、陈耀君、胡丽芳、刘燕、米晶、朱丹、陈艳春、戴晓慧、王丹、金丽静、陈鸿、姬春茹、王珊慧、游翠英、李甜甜、付素霞、付素英、杨姣、吴利霞、李瑛、颜华保、陈永梅、郭海平、王新利等人的协助，在此表示谢意！

　　欢迎读者交流，QQ：963613995，手机：15201402522。

目　录

第一天 会计凭证：会计信息三大载体之一

　　会计凭证是记录企业经济业务发生及完成情况的书面证明，是登记账簿的依据，企业通过填制会计凭证来明确经济业务。会计凭证包括原始凭证和记账凭证。企业在发生经济业务的同时，必须取得相关的原始凭证；根据有效的原始凭证填制记账凭证的过程是企业会计人员做账的起点，也是企业后期会计工作的基础，是保证后期会计工作步骤准确无误的关键环节。会计凭证是会计原始来源信息的载体。第一天，我们来详细介绍会计凭证相关的基本知识。

一、原始凭证的填制与审核

（一）原始凭证的含义

　　原始凭证又称单据，是在经济业务发生或完成时取得或填制的，用以记录或证明经济业务的发生或完成情况的原始凭据。

　　例如：企业在收款时取得的收款单、材料入库时取得的收料单等都属于原始凭证。

统 一 收 据

今收到＿＿＿＿＿＿＿＿＿＿＿＿＿＿＿＿＿＿＿＿＿＿＿	
交来＿＿＿＿＿＿＿＿＿＿＿＿＿＿＿＿＿＿＿＿＿＿＿＿	
人民币（大写）＿＿＿＿＿＿＿＿＿＿＿＿＿＿＿ ¥＿＿＿＿＿＿	第二联 收据
收款单位＿＿＿＿＿＿＿＿ 收款人＿＿＿＿＿	
公章 签章 年 月 日	

（二）原始凭证的种类

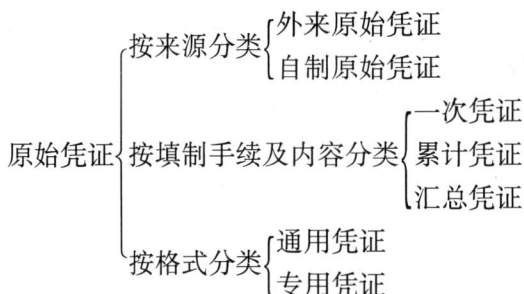

$$
原始凭证\begin{cases}按来源分类\begin{cases}外来原始凭证\\自制原始凭证\end{cases}\\按填制手续及内容分类\begin{cases}一次凭证\\累计凭证\\汇总凭证\end{cases}\\按格式分类\begin{cases}通用凭证\\专用凭证\end{cases}\end{cases}
$$

1. 按来源分类

（1）外来原始凭证。企业在经济业务发生时，从其他单位取得的原始凭证。例如：购物或消费时取得的定额发票、人员出差的飞机票和火车票、对外付款时的收据等。

（2）自制原始凭证。自制原始凭证是本单位内部自行填制的，仅由单位内部使用的原始凭证。例如：材料部门的收料单，领料单，产品入库单、出库单等。

领 料 单

领料部门：　　　　　　　　　　　　　　　　　　　　领料编号：

领料用途：　　　　　　　　　　年　月　日　　　　　发料仓库：

材料编号	材料名称	计量单位	数量		单价	金额
			请　领	实　领		
备注				合计		

第联

发料人：　　　　审批人：　　　　　领料人：　　　　　　记账：

2. 按填制手续及内容分类

（1）一次凭证。一次凭证是一次填制完成，并且只记录一笔经济业务的原始凭证。例如：付款时取得的收据，借款时填制的借款单等，这类单据的有效次数只有一次。

（2）累计凭证。累计凭证是在一定的会计期间内多次记录同种经济业务的原始凭证，是多次有效的原始凭证，在日常工作中材料部门会用到。例如：企业采用的"限额领料单"等。

限 额 领 料 单

领料部门：　　　　　　　　　　　　　　　　　　　　领料编号：

领料用途：　　　　　　　　　　年　月　日　　　　　发料仓库：

材料类别	材料编号	材料名称及规格	计量单位	领用限额	实际领用	单价	金额	备注

供应部门负责人：　　　　　　　生产计划部门负责人：

日期	领　料				退　料				限领结余
	请领数量	实发数量	发料人签章	领料人签章	退料数量	退料人签章	收料人签章		

（3）汇总凭证。汇总凭证就是原始凭证汇总表，指同类经济业务合并在一起，按一定标准填制的原始凭证。例如：职工工资汇总表、发出材料汇总表等。

发 出 材 料 汇 总 表

年 月 日

会计科目	领料部门	领用材料			
		原材料	包装物	低值易耗品	合计
生产成本	一车间 二车间				
	小 计				
	供电车间 供水车间				
	小 计				
制造费用	一车间 二车间				
	小 计				
管理费用	行政部门				
合 计					

会计主管：　　　　　　　　复核：　　　　　　　　制表：

3. 按格式分类

（1）通用凭证。通用凭证是由相关部门统一印制的在一定范围内使用的统一格式的原始凭证。例如：发票、收据等。

（2）专用凭证。专用凭证是由单位自行印制的，仅在本单位内部使用的原始凭证。例如：领料单、差旅费报销单等。

（三）原始凭证的基本要素

原始凭证由于业务种类、经营管理要求的不同，格式和内容也不尽相同，但无论怎样，都必须具备以下基本内容，也就是原始凭证的要素。

（1）名称和编号。

（2）填制日期。

（3）接收单位名称。

（4）经济业务的内容（金额、数量、单价等）。

（5）填制单位签章。

（6）有关人员签章。

（7）凭证附件。

在实际工作中，企业可以根据自身的经营状况，增加必要的内容。

（四）原始凭证的设计

企业应根据自身经营状况的不同需要来设计适合本企业的专用凭证，设计原始凭证时，除了上面讲到的基本要素以外，还可以根据需要来加注一些要素之外的项目。

设计原始凭证时，首先要明白是为哪一类业务设计的，该项业务包括哪些内容，是否需要具体的核算，可能会传递到哪些部门，需要设计几联等。

例如：企业材料部门的领料单，应根据材料的不同需要设计普通领料单或限额领料单，从而使不同的材料在领用时得到控制。

又如：发票领购册，首先就要注明企业可领购的发票种类和领用发票的额度及一次领取的最大限额，这些都是相关部门应注意的设计要点。

（五）原始凭证的填制

原始凭证的填制应按以下步骤：

（1）原始凭证填制首先要注明填制日期，按当天的出票日期真实填写。

（2）填制出票单位的名称及对方单位的名称。

（3）填制业务的摘要、品名、用途、单价、合计金额等。

（4）原始凭证填制完毕后，应由相关的经办人员签章，并加盖本单位的公章后才视为有效。

（5）原始凭证的书写应准确、规范，不得涂改、刮擦，如有错填，应重新开具，并在错误的凭证上注明"作废"字样。

（6）原始凭证的金额一般会有大小写的填列之分，小写的阿拉伯数字前一定要加上符号"￥"，并且"￥"与数字之间不可以有空格，金额中不含角分的应以"00"填列。

例如：贰佰叁拾肆圆整，小写为"￥234.00"。

大写数字的正确写法为"壹、贰、叁、肆、伍、陆、柒、捌、玖、拾、佰、仟、万、亿、圆、角、分、零、整"。如果凭证上没有标明是否是人民币，以人民币结算时，在大写金额前面应标明"人民币"字样。如金额后面没有角分，应写"整"字。

例如：¥278.00，大写为"人民币贰佰柒拾捌圆整"。

¥356.78，大写为"人民币叁佰伍拾陆圆柒角捌分"。

（7）原始凭证填制要及时，并在填制或取得后及时送交财务部门审核。

（六）原始凭证的审核

为了保证会计信息的真实、可靠，原始凭证的审核工作必须做到细致、有序，审核的内容要全面。

1. 审核原始凭证的真实性

主要是审核原始凭证的填制内容是否与发生的经济业务相一致，金额、日期是否真实、有效。

2. 审核原始凭证的合法性

主要审核原始凭证记录的经济业务是否合法，有无违反国家法律的行为。如：凭证的传递与审核是否符合国家的相关规定。

3. 审核原始凭证的合理性

审核原始凭证所反映的经济业务是否在单位的计划之内，企业的生产活动是否需要产生该项费用。

4. 审核原始凭证的及时性

在经济业务发生或完成时应及时填制原始凭证，而且要注意审核凭证的签发日期，对于时效性较强的原始凭证，如发票、银行汇票等，更应该仔细审核签发是否已经过期。

5. 审核原始凭证的完整性

应当依次审核原始凭证的日期、数字、文字、签章等是否齐全、准确，凭证的联次是否正确。

6. 审核原始凭证的正确性

主要审核原始凭证的金额是否正确，小写前面要加"￥"，大小写金额要相符，"￥"与金额之间不能有间隔。

例如：￥520.13　（正确）。

￥　520.13（错误）。

经过上述认真审核后，完全符合要求的原始凭证，应当及时编制记账凭证入账；对于内容不够完整或者有错误的原始凭证，应退回经办人员重开，之后再办理正式的会计手续；对于不真实、不合法的原始凭证，应不予受理，同时应该向相关负责人报告。

原始凭证的审核是一项重要细致的工作，是会计监督职能的重要组成部分，因而必须认真对待。

（七）外来原始凭证的处理

1. 外来凭证应具备以下内容

（1）凭证的名称。

（2）开票日期、凭证的联次。

（3）发生经济业务的摘要、单价、金额。

（4）相关人员和单位的签章。

2. 外来原始凭证如有以下情况，会计人员不能接受

（1）对于内容不完整的原始凭证不能接受，应交回原单位的经办人，补充完整或更正重开。

（2）不真实、不合法的原始凭证不能接受，并要及时向单位负责人报告。

（3）对于涂改、刮擦、修补过的原始凭证不能接受，应退回原单位重新开具。

3. 外来原始凭证出现错误时，正确的处理方法

外来原始凭证出现错误时，应及时退回开具单位，由开具单位的经办人员负责重开或更正，更正时，应在更正处加盖开具单位公章，方为有效。在实务操作中，一般的原始凭证错误，会退回开具单位，重新开具，并将错误的原始凭证作废，接收凭证的单位不可自行修改或补充。

（八）自制原始凭证的处理

1. 自制原始凭证的基本内容

由于企业要根据自身的特点，所以在内容上与外来原始凭证有一定的差别。但作为原始凭证，其应具备的基本内容如下：

（1）凭证名称。如"工资表"、"入库单"等。

（2）经济业务的内容。如"收款"、"发放工资"等。

（3）经济业务的数量。一是实物量；二是价值量。有些业务需要反映实物量和价值量，有些业务只需反映价值量。

（4）经济业务的当事单位和当事人。如工资表上要注明某科室或某车间的职工工资，转账凭证所附原始凭证的当事单位就是本单位。

（5）责任单位和责任人。每一项经济业务的发生，都有其特定的责任人。如发工资，责任单位就是车间、劳资科和会计部门；责任人是考勤员、工资制表人、领工资人和发工资人。收款收据反映的经济业务的责任人是收款人和付款人。

（6）经济业务发生的日期和原始凭证的填制时间。

2. 以自制原始凭证代替记账凭证的处理方法

以自制原始凭证代替记账凭证，自制原始凭证必须具备记账凭证所具备的各个项目，如填制日期、凭证号、业务摘要、会计科目、金额、相关人员签章等。

小知识：职工公务出差差旅费相关凭证处理的注意事项

职工公务出差借款凭证的处理：

根据财政部《会计基础工作规范》第四十八条的规定精神，职工公务出差借款的凭证，必须附在记账凭证之后。借款收回时，不得退回原借款收据，应当另行开出借款收回的收据或者退回原借据的副本给借款人。

职工报销凭证签字的具体要求：

职工报销凭证的签字应注意以下内容：

1. 按规定应该签字的人员必须全部签字，签字必须签全称，不得只签姓。

2. 签字人签署姓名后，还应当签署签字的日期。

3. 领导签字应当明确表明是否同意报销。

4. 为便于原始凭证的装订，签字应签在凭证的正面，签在右上方。签字如果是签在凭证的反面，应签在左上方。

5. 有多张凭证都需要签字时，要一张一张分别签，不能用复写纸同时签。

（九）原始凭证怎样整理

会计实务中收到的原始凭证纸张往往大小不一，因此，需要按照记账凭证的大小进行折叠或粘贴。

对面积大于记账凭证的原始凭证采用折叠的方法，按照记账凭证的面积尺寸，将原始凭证先自右向左，再自下向上两次折叠。折叠时应注意将凭证的左上角或左侧面空出，以便于装订后的展开查阅。

对于纸张面积过小的原始凭证，则采用粘贴的方法，即按一定次序和类别将原始凭证粘贴在一张与记账凭证大小相同的白纸上。粘贴时要注意，应尽量将同类同金额的单据粘在一起；如果是板状票证，可以将票面票底轻轻撕开，厚纸板弃之不用；粘贴完成后，应在白纸一旁注明原始凭证的张数和合计金额。对于纸张面积略小于记账凭证的原始凭证，则可以用回形针或大头针别在记账凭证后面，待装订凭证时，抽去回形针或大头针。

对于数量过多的原始凭证，如工资结算表、领料单等，可以单独装订保管，但应在封面上注明原始凭证的张数、金额，所属记账凭证的日期、编号、种类。封面应一式两份，一份作为原始凭证装订成册的封面，封面上注明"附件"字样；另一份附在记账凭证的后面，同时在记账凭证上注明"附件另订"，以备查考。

此外，各种经济合同、存出保证金收据以及涉外文件等重要原始凭证，应当另编目录，单独登记保管，并在有关的记账凭证和原始凭证上相互注明日期和编号。

二、记账凭证的填制与审核

（一）记账凭证的含义

记账凭证是会计人员根据审核无误的原始凭证或原始凭证汇总表整理后，确定会计分录，以此作为登记账簿直接依据的会计凭证。

（二）记账凭证的种类

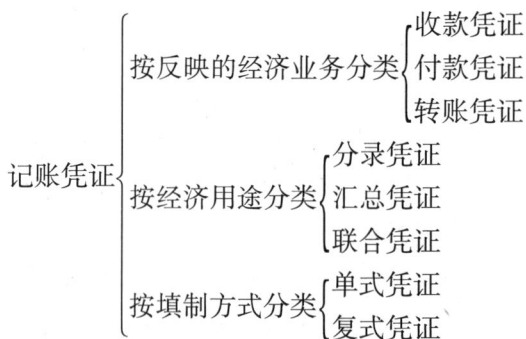

$$记账凭证 \begin{cases} 按反映的经济业务分类 \begin{cases} 收款凭证 \\ 付款凭证 \\ 转账凭证 \end{cases} \\ 按经济用途分类 \begin{cases} 分录凭证 \\ 汇总凭证 \\ 联合凭证 \end{cases} \\ 按填制方式分类 \begin{cases} 单式凭证 \\ 复式凭证 \end{cases} \end{cases}$$

1. 按反映的经济业务分类

（1）收款凭证。收款凭证是反映企业货币资金收入的记账凭证，可以分为现金收款凭证和银行存款收款凭证。

收款凭证

借方科目：　　　　　　　　　　年　月　日　　　　　　　　收字第　号

摘　要	贷方科目		金额	记账	附件 张
	一级科目	二级科目			
合　计					

会计主管：　　　记账：　　　出纳：　　　审核：　　　制单：

（2）付款凭证。付款凭证与收款凭证相对而言，是用来记录现金和银行存款付款业务的凭证，一般也是由出纳人员填写，作为登记现金和银行存款账簿的依据，其格式为：

付款凭证

贷方科目：　　　　　　　　　　年　月　日　　　　　　　　付字第　号

摘　要	借方科目		金额	记账
	一级科目	二级科目		
合　计				

会计主管：　　　记账：　　　　出纳：　　　　审核：　　　　制单：

（3）转账凭证。转账凭证是反映所有与货币资金收支业务无关的经济业务的记账凭证。

转账凭证记录的是不涉及现金和银行存款的经济业务，也就是指经济业务不涉及现金和银行存款的收付。其格式为：

转账凭证

　　　　　　　　　　　　年　月　日　　　　　　　　转字第　号

摘　要	会计科目		借方金额	贷方金额	记账
	一级科目	二级科目			
合　计					

会计主管：　　　记账：　　　　出纳：　　　　审核：　　　　制单：

2. 按经济用途分类

（1）分录凭证。分录凭证是根据原始凭证编制的，写明会计科目、借贷方向及金额的记账凭证。

（2）汇总凭证。汇总凭证是根据分录凭证加以汇总编制的据以登记账簿的记账凭证。

（3）联合凭证。联合凭证是既有原始凭证的内容又有记账凭证的内容的凭证。

3. 按填制方式分类

（1）单式凭证。单式凭证在实际工作中应用范围狭小，一般不被广泛使用，它是指每一项经济业务发生或完成时，只填列该项业务所涉及的某一个会计科目，该经济业务涉及几个会计科目，则需填制几张单式凭证，填制借方科目的称为借项凭证，填制贷方科目的称为贷项凭证。

（2）复式凭证。复式凭证指每一笔经济业务，不管涉及几个会计科目，都在同一张凭证上反映的记账凭证。以上提到的收、付、转三种凭证均为复式凭证。

（三）记账凭证的基本要素

记账凭证根据其记录经济业务的内容不同，格式略有不同，记账凭证应具备的最基本的要素包括：

（1）记账凭证的名称，一般分为收款凭证、付款凭证和转账凭证。

（2）记账凭证的日期和编号，填制记账凭证时的日期，记账凭证都要按一定的规则编写凭证号。一般分为收、付、转三类编号，也可以细分为现收、现付、银收、银付、转账五类。例如：本月有银行存款收款凭证 10 张，编号就可以为"银收字第 1 号"至"银收字第 10 号"。

（3）会计科目及摘要，摘要应简明扼要地摘录经济业务的主要内容。

（4）借贷方向。

（5）应计会计科目、方向及金额。

（6）经济业务的摘要。

（7）附原始凭证的张数。

（8）相关人员的签章，包括：会计主管、记账、出纳、审核、制单等。

（9）如果企业已经实现会计电算化，应增加会计科目的编号。

（四）记账凭证的设计

记账凭证在设计时首先要满足记账凭证所要求具备的要素，在设计记账凭证时，要考虑企业规模的大小、业务特点及企业采用的核算方法等因素，选择适当的会计凭证。如果企业较小，则采用复式记账凭证，方便集中。如果企业的规模较大，经济业务繁多，则可以将凭证细分，分为现金收款凭证、现金付款凭证、银行存款收款凭证、银行存款付款凭证、转账凭证，从而便于分工和凭证在各部门之间传递。如果是中型企业，则可以采用收款凭证、付款凭证和转账凭证三种。

1. 收款凭证

收款凭证的借方科目是现金或者银行存款科目，其贷方为对应科目，具体格式如下：

收　款　凭　证

借方科目：　　　　　　　　　　　年　月　日　　　　　　　　总____号　分____号

摘要	贷方科目		√	金　额										
	一级科目	二级明细科目		亿	千	百	十	万	千	百	十	元	角	分
合　　计														

2. 付款凭证

付款凭证的贷方科目为现金或银行存款科目，借方为对应科目，具体格式如下：

付　款　凭　证

贷方科目：　　　　　　　　　　　年　月　日　　　　　　　　总____号　分____号

摘要	借方科目		√	金　额										
	一级科目	二级明细科目		亿	千	百	十	万	千	百	十	元	角	分
合　　计														

3. 转账凭证

转账凭证记录所有不涉及现金和银行存款的科目，既要反映借方金额，又要反映贷方金额，具体格式如下：

转 账 凭 证

年　月　日　　　　　　　　　　　　　　总____号 分____号

摘要	借方科目	贷方科目	√	金　额										
				亿	千	百	十	万	千	百	十	元	角	分
	合　　　计													

（五）记账凭证的填制要求

填制记账凭证的基本要求如下：

（1）记账凭证的各项内容必须填制完整。

（2）在填制记账凭证时，凭证的编号要连续。如果一笔经济业务需填制两张及两张以上记账凭证，则可编号为"$\frac{1}{2},\frac{2}{2}$"或"$\frac{1}{m},\frac{2}{m},\frac{3}{m},\cdots\cdots,\frac{m}{m}$"。

例如：某笔经济业务需要填制 5 张转账凭证，该转账凭证的编号为第 9 号，则可编制的编号应为：转字第 $9\frac{1}{5}$ 号，$9\frac{2}{5}$ 号，$9\frac{3}{5}$ 号，$9\frac{4}{5}$ 号，$9\frac{5}{5}$ 号。每月最后一张记账凭证后面应加注"全"字，表示该月的记账凭证编制完毕。

（3）记账凭证的书写应规范、清晰。

（4）记账凭证应该根据原始凭证真实准确地填写，不得将不同类别的原始凭证填制在一张记账凭证上。

（5）除结账或更正错账的记账凭证可以不附原始凭证外，其他的记账凭证都要附原始凭证。原始凭证的张数一般按实际的原始凭证的自然张数计算。

（6）填制记账凭证时如果发生错误应该重新填制。如果已登记入账应当用红字做一张相同的凭证，冲销错误的凭证，然后做一张正确的凭证。

1）如果是已经登记的记账凭证，在本会计年度内发现错误，可以用红字填制一张与原始凭证内容相同的记账凭证，在摘要栏注明"注销×年×月×日×号凭证"，同时再用蓝字填写一张正确的记账凭证，在摘要栏注明"订正×年×月×日×号凭证"。

2）在同一会计年度内，已登记入账的记账凭证，如会计科目没有错误，而只是金额错误，即可将正确金额与错误金额之间的差额编制另一张记账凭证。如果正确金额减错误金额为正数，则用蓝字补充填写另一张凭证，如果正确金额减错误金额为负数，则用红字冲减多记的金额。

3）发现以前会计年度记账凭证错误的，应当用蓝字填制一张更正的记账凭证。

（7）记账凭证填制完毕后，如果还有空行，应当在金额栏最后一个金额下面的空行处到合计栏金额上的空行处划线注销。

（六）记账凭证的填制方法

1. 记账凭证摘要栏的填写方法

记账凭证的摘要栏用以说明记账凭证所记录的经济业务的内容，所以，在填写时应当力求简洁、明确，表明经济业务的中心内容即可。

例如：（1）企业从银行提取现金 10000 元，则在现金收款凭证摘要栏中填写"提现"。

（2）企业购入原材料一批，款项未付，货已收到，则在转账凭证摘要栏中填写"购入原材料，货到款未付"。

2. 记账凭证附件的粘贴方法

记账凭证的附件一般是指登记记账凭证时所依据的原始凭证，通常在记账凭证登记完毕之后以附件的形式把原始凭证粘贴在后面。

如果一张记账凭证是根据多张原始凭证填制的，则可以把原始凭证统一粘贴在一张纸上，然后附于记账凭证之后，例如：职工出差的差旅费零星支出，由于单据较多，不易整理，则可以粘贴在一张纸上，然后附于记账凭证之后。

3. 记账凭证的编号方法

记账凭证的编号应连续，如果一笔经济业务需要填制两张或两张以上的记账凭证，则可以使用分号编号法。

例如：一笔经济业务需要 3 张转账凭证，该张转账凭证的总顺序号为 6，则该笔业务的 3 张凭证的序号应为第 $6\frac{1}{3}$ 号，第 $6\frac{2}{3}$ 号，第 $6\frac{3}{3}$ 号。

每月最后一张记账凭证的编号旁边可以加注一个"全"字，以防凭证丢失。

4. 收款凭证的填制方法

收款凭证左上角的"借方科目"应填制"现金"或"银行存款"科目，"年月日"是指填制本收款凭证的日期，"总号"是本会计期间所有记账凭证的顺序号，"分号"是指本会计期间收款凭证的顺序号，"摘要"是对该凭证记录的经济业务做出的简要说明，"贷方科目"是指该凭证记录的经济业务的贷方科目，"金额"是指该项业务实际发生的金额，"记账"栏内只有在已经登记账簿之后才可以标注，目的是防止账簿的漏记。

另外，在收款凭证的最右边会有"附件 张"，指附原始凭证的张数，应根据所附的原始凭证的实际张数来填写。在收款凭证的最下方会有相关人员的签章，以保证会计信息的可靠性。

例如：某公司 2014 年 9 月 10 日收到上月东湖公司归还的欠款 50000 元，存入银行。应填制收款凭证如下：

收款凭证

借方科目：银行存款　　　　　　2014 年 9 月 10 日　　　　　　银收字第 1 号

摘　要	贷方科目		金额	记账
	一级科目	二级科目		
收到东湖公司欠款，存入银行	应收账款	××公司	￥50000	√
合　计			￥50000	

附件 1 张

会计主管：×××　　记账：×××　　出纳：×××　　审核：×××　　制单：×××

5. 付款凭证的填制方法

付款凭证的填制与收款凭证基本相同，区别主要是在付款凭证的左上角"贷方科目"应填制"现金"或"银行存款"科目，凭证中的"借方科目"栏内填制对应的借方科目。

例如：2014 年 9 月 12 日，企业用现金购入一批 A 材料，价值 100000 元。应编制如下付款凭证：

付款凭证

贷方科目：现金　　　　　　　2014 年 9 月 12 日　　　　　　现付字第 1 号

摘　要	借方科目		金额	记账
	一级科目	二级科目		
购入 A 材料	原材料	A 材料	￥100000	√
合　计			￥100000	

附件 2 张

会计主管：×××　　　记账：×××　　　出纳：×××　　　审核：×××　　　制单：×××

当一项经济业务既涉及"现金"和"银行存款"，又涉及转账时，需要分别填制记账凭证。

例如：2014 年 9 月 30 日，企业购入一台生产设备，价值 70000 元，付给对方单位银行承兑汇票一张，面值 50000 元，余款用银行存款支付，则应编制如下凭证：

转账凭证

2014 年 9 月 30 日　　　　　　转字第 2 号

摘　要	会计科目		借方金额	贷方金额	记账
	一级科目	二级科目			
购入固定资产	固定资产	生产设备	￥50000		√
	应付票据			￥50000	√
合　计			￥50000	￥50000	

附件 2 张

会计主管：×××　　　记账：×××　　　出纳：×××　　　审核：×××　　　制单：×××

付款凭证

贷方科目：银行存款　　　　　2014 年 9 月 30 日　　　　　银付字第 1 号

摘　要	借方科目		金额	记账
	一级科目	二级科目		
购入固定资产	固定资产	生产设备	￥20000	√
合　计			￥20000	

附件 2 张

会计主管：×××　　　记账：×××　　　出纳：×××　　　审核：×××　　　制单：×××

现金和银行存款之间发生收付业务的凭证处理方法

对于涉及现金和银行存款之间的经济业务，为了避免重复记账，一般只编制付款凭证，不编制收款凭证。例如：企业从银行提取现金，则根据货币资金的实际发生金额只需编制付款凭证，而不再编制收款凭证。

（七）记账凭证的审核

为了保证会计信息的质量，在记账之前应先对记账凭证进行审核，审核的内容如下：

（1）审核记账凭证的内容是否真实，所附的原始凭证内容与张数是否真实、一致。

（2）审核记账凭证项目的填制是否齐全。例如凭证的日期、编号、摘要、金额等栏目都要填制齐全。

（3）审核记账凭证的记账科目填写是否正确。

（4）审核记账凭证的金额是否正确，主要是审核记账凭证与所附的原始凭证所记录的金额是否一致。

（5）审核记账凭证的书写是否正确，数字是否清晰、工整，是否有修改过的痕迹。

三、会计凭证的装订与保管

（一）会计凭证装订的要求和方法

会计部门在依据记账凭证登记账簿后，应当定期将会计凭证整理装订，按照凭证的编号顺序，连同所附的原始凭证一起加上封面、封底，装订成册，并在装订线上加上封签，由装订人员在装订线处签章。

（二）会计凭证封面填写的要求和方法

会计凭证的封面应注明单位名称、凭证种类、凭证张数、起止时间、年度、月份及相关人员签章。会计凭证封面的具体格式如下：

贰零零玖 年 拾 月 第 贰 册	宝　安　公　司 收款　2014 年 10 月共 12 册第 2 册 付款　凭证第 25 号至 50 号共 25 张 转账　　　附：原始凭证 40 张 会计主管：×××　　　　　　　　保管：×××

（三）会计凭证装订前粘贴和折叠的要求和方法

会计凭证在装订前应整理整齐，较大的原始凭证应折叠成与记账凭证同样大小，折叠时应先自右向左，再自下向上折叠，之后按会计凭证的编号顺序排序之后打孔装订，加上封面和封底，并用密封条密封。

小知识：会计凭证装订时，原始凭证数量较多时的处理方法

原始凭证较多时，可以单独装订，但应在凭证的封面上注明所属记账凭证的日期、编号和种类，同时在相应的记账凭证上注明"附件另订"字样，并注明原始凭证的编号等项目以便查找。

对于重要的原始凭证及各种需要随时查阅和退回的原始凭证，应另编目录，单独保管，并在相关的记账凭证上分别注明日期和编号。

例如：某人报销差旅费，报销单后面的粘贴单附有0.5元的市内公共汽车票20张，1元的公共汽车票12张，285元的火车票1张，869元的飞机票1张，就应分别在汽车票一类下面空白处注明 $0.5 \times 20 = 10$ 元，$1 \times 12 = 12$ 元，在火车票一类下面空白处注明 $285 \times 1 = 285$ 元，在飞机票一类下面空白处注明 $869 \times 1 = 869$ 元。这样，万一将来原始凭证不慎失落，也很容易查明丢的是哪一种票面的原始凭证，而且也为计算附件张数提供了方便。

（四）会计凭证的保管期限

装订成册的会计凭证，在年度终了时，可以暂由会计部门保管一年，期满后移交档案部门保管，本单位内部没有档案部门的应由会计部门派专人保管，出纳人员不可兼管会计档案。

财务部门要严格遵守会计凭证的保管期限要求，期满前不得任意销毁。

附：

会计档案的保管期限

保管期限	主要会计档案
永久保管	年度财务报告、会计档案保管清册、会计档案销毁清册
保管三年	月度、季度财务报告
保管五年	固定资产卡片、银行存款余额调节表、银行对账单
保管十年	行政事业单位决算报告、基本建设拨（贷）款年报等
保管十五年	各类凭证、账簿、会计档案移交清册
保管二十五年	现金与银行存款日记账

（五）会计凭证类档案调用的手续

已存档的会计凭证一般不得外借，其他单位如有特殊原因确实需要使用时，经本单位会计机构负责人、会计主管人员批准，可以向外单位提供原始凭证复制件，并专设登记簿，由提供人员和收取人员签章。

（六）会计凭证销毁时的手续

按规定可以销毁的会计凭证，销毁时应办理如下手续：

（1）由本单位档案机构会同会计机构提出销毁意见，编制销毁清册，列明所销毁的会计凭证的名称、卷号、册数、起止年度、档案编号、应保管期限、已保管期限和销毁的时间等。

（2）由单位负责人在销毁清册上签署意见。

（3）销毁时，应由档案机构和会计机构共同派员监督。

（4）监销人员在会计凭证销毁前，应当按照销毁清册所列的内容清点核对所要销毁的会计凭证；销毁后，应当在销毁清册上签名盖章，并将监销情况报告本单位负责人。

第二天 会计账簿：会计信息三大载体之二

会计账簿是指由一定格式账页组成的，以经过审核的会计凭证为依据，全面、系统、连续地记录各项经济业务的簿籍。会计账簿是会计信息最主要的载体，是记录经济业务不可缺少的工具，把零散的会计信息整理归类，更加方便查找，简化了编制会计报表的程序，为准确地编制报表提供了依据。第二天，我们来详细介绍会计账簿相关的基本知识。

一、会计账簿的意义和种类

（一）会计账簿的意义

（1）通过账簿的设置和登记，可以记载和储存会计信息。

（2）通过账簿的设置和登记，可以分类汇总会计信息。

（3）通过账簿的设置和登记，可以检查校正会计信息。

（4）通过账簿的设置和登记，可以编报输出会计信息。

（二）会计账簿的种类

在会计核算的过程中，账簿的格式是多种多样的，这样才可以满足不同会计科目核算的需要。

账簿的种类多样，一般可以按用途、账页格式、外形特征等的不同分为不同的种类。

1. 按用途分类

账簿按用途分为序时账簿、分类账簿和备查账簿。

（1）序时账簿。序时账簿就是在日常工作中俗称的日记账，是按照经济业务发生或完成的时间逐笔登记的账簿，它的特点就是按照记账凭证的编号逐笔登记。

在实际工作中，一般设现金日记账和银行存款日记账，而不设其他转账日记账，主要是为了加强对货币资金的管理。

（2）分类账簿。分类账簿是对经济业务按会计要素的类别不同而设置的以分类账户的形式进行登记的账簿，具体又可以分为总分类账和明细分类账两种。总分类账又称为总账，明细分类账又称为明细账。

一般来讲，序时账簿反映的就是对企业的资金运动情况的总括，而分类账簿反映的是资金运动的不同形式、状态，在账簿中占有重要的地位。

（3）备查账簿。备查账簿是序时账簿和分类账簿的补充。有些在主要账簿中不予以登记或登记不详细的经济业务，可以在备查账簿中补充登记，备查账簿由各单位根据实际需要进行设立。一般比较常见的有：代销商品登记簿、租入固定资产登记簿、委托加工材料登记簿等。

备查账簿与以上两种账簿不同，它不注重金额栏的登记，甚至不需要以原始凭证和记账凭证为依据，而只注重用文字来表达某项经济业务的发生情况。

2. 按账页格式分类

账簿按账页格式可以分为三栏式账簿、多栏式账簿、数量金额式账簿和平行式账簿。

（1）三栏式账簿。三栏式账簿是指设有借方、贷方和余额三个栏目的账簿，在日常工作中比较常见，各种日记账、总账及一部分明细账，均采用三栏式账簿。三栏式账簿又分为两种，一种为"摘要"栏和"借方科目"之间设有"对方科目"栏，另一种不设置该栏目。

（2）多栏式账簿。多栏式账簿是在账簿的两个基本栏目"借方"或者"贷方"按需要分设若干栏的账簿。收入明细账采用"贷方"多栏格式的账簿；费用明细账采用"借方"多栏格式的账簿；应交增值税明细账则采用"借方"和"贷方"都设多栏格式的账簿。

（3）数量金额式账簿。数量金额式账簿是指在借方、贷方和余额三个栏目内均设置数量、单价和金额三个明细栏目，一般多用在产成品、库存商品和原材料等存货类资产的明细账簿中。

（4）平行式账簿。平行式账簿也称横线登记式账簿，是将前后密切相关的经济业务登记在同一横格，以便检查每笔业务的发生和完成情况。平行式明细账其特点是设"借方"和"贷方"两栏，将前后密切相关的经济业务于核销账时在同一横格内进行登记，以检查每笔业务的完成及变动情况。这种格式主要适用于"材料采购"账户的明细核算。其他应收款、在途物资等明细账也可以采用平行式账簿。

3. 按外形特征分类

账簿按外形特征不同分为订本式账簿、活页式账簿和卡片式账簿三种。

（1）订本式账簿。订本式账簿就是在启用之前就对账页进行连续编号并装订成册的账簿，这样可以避免账页的丢失、抽换，但会遇到账页预备不足的问题。订本式账簿一般适用于总账、银行存款日记账、现金日记账。

（2）活页式账簿。活页式账簿是指在一个会计年度结束之后才给账页编号并装订成册，而在账簿的登记过程中并不固定装订在一起，而是装在活页账夹中的一种账簿。活页账的灵活性比较大，可以随时装入空白页或把多余的账页抽出，但如果管理不善则会造成账页的丢失或随意的抽换。活页式账簿主要用于各种明细账簿中。

（3）卡片式账簿。卡片式账簿也是活页账的一种，是将所需的格式印在卡片上，装在卡片箱内，而不装在活页夹内。在我国，通常只对固定资产的核算采用卡片式账簿。企业可根据自身的需要来设置。

会计账簿的分类结构如下图所示：

```
                                    ┌─── 序时账簿 ───┬─── 普通日记账
                                    │                └─── 特种日记账
                   ┌─ 按账簿的用途分类 ─┼─── 分类账簿 ───┬─── 总分类账
                   │                │                └─── 明细分类账
                   │                └─── 备查账簿
                   │
                   │                    ┌─── 订本式账簿
    账簿 ──────────┼─ 按账簿的外形特征分类 ┼─── 活页式账簿
                   │                    └─── 卡片式账簿
                   │
                   │                 ┌─── 三栏式
                   └─ 按账页格式分类 ──┼─── 数量金额式
                                     ├─── 多栏式
                                     └─── 横线登记式
```

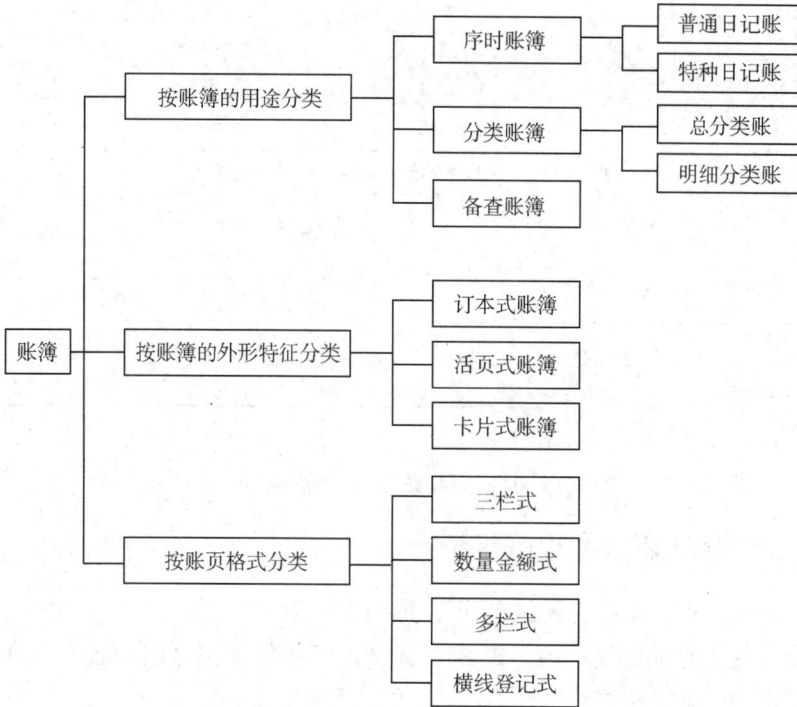

二、会计账簿的登记

（一）会计账簿的基本内容

在实际工作中，无论什么类型的账簿，都要具备以下几方面的内容：

（1）封面：主要用来标明账簿名称。

（2）扉页：主要列明科目索引、账簿的启用时间、经营人员一览表。

账簿名称：						单位名称：			
账簿编号：						账簿册数：			
账簿页数：						启用时间：			
会计主管：						记账人员：			

交接日期			交接人		交接日期			接管人		会计主管	
年	月	日	姓名	签章	年	月	日	姓名	签章	姓名	签章

（3）账页：主要包括日期栏、摘要栏、金额栏等。

（二）会计账簿的记账规则

（1）必须根据审核无误的会计凭证登记账簿。

（2）在账簿登记完毕后，记账人员要在记账凭证上签名或盖章，并在记账凭证的"记账"栏内画"√"，避免重复记账或漏记。

（3）账簿中书写的文字和数字不宜过大，一般占据格距的 1/2 位置。

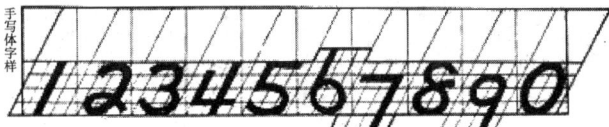

（4）登记账簿时应用钢笔或中性笔，不可使用铅笔或圆珠笔。

（5）如遇下列情况，可用红色钢笔或中性笔记账。

1）红字冲销的记账凭证；

2）在不设借贷栏的账页中，红字登记减少数；

3）在账簿的余额栏前面，没有印明余额方向的，在余额栏内用红笔登记余额为负数的情况；

4）国家统一规定的用红字登记的业务。

（6）在登记账簿时，应该连续，不得隔页、跳行。

（7）在账簿中如有"余额"栏，结出余额的则应在余额栏前的"借或贷"栏中填写"借"、"贷"字样，如无余额，则应该填写"平"，并在余额栏中记入"0"。现金日记账和银行存款日记账必须结出余额。

（8）在账页登记完毕，换下一页时，要在账页的第一行和最后一行摘要栏内分别注明"承前页"和"启下页"，然后将本页的借贷方及余额的合计填入相应栏内。

在日常工作中，也可以把本页的合计金额写在下一页第一行的相应栏内，并在摘要栏中注明"承前页"字样。

小知识：每一账页登记完毕时，转下页的要求和做法

每一账页登记完毕结转下页时，应当结出本页合计数及余额，写在本页最后一行和下页第一行有关栏内，并在摘要栏内注明"过次页"和"承前页"字样；也可以将本页合计数及金额只写在下页第一行有关栏内，并在摘要栏内注明"承前页"字样。也就是说，"过次页"和"承前页"的方法有两种：一是在本页最后一行内结出发生额合计数及余额，然后过次页并在次页第一行承前页；二是只在次页第一行承前页写出发生额合计数及余额，不在上页最后一行结出发生额合计数及余额后过次页。

财政部《会计基础工作规范》还对"过次页"的本页合计数的结计方法，根据不同需要作了规定：

1. 对需要结计本月发生额的账户，结计"过次页"的本页合计数应当为自本月初起至本页末止的发生额合计数。这样做，便于根据"过次页"的合计数，随时了解本月初到本页末止的发生额，也便于月末结账时，加计"本月合计"数。

2. 对需要结计本年累计发生额的账户，结计"过次页"的本页合计数应当为自年初起至本页末止的累计数，这样做，便于根据"过次页"的合计数，随时了解本年初到本页末止的累计发生额，也便于年终结账时，加计"本年累计"数。

3. 对既不需要结计本月发生额也不需要结计本年累计发生额的账户，可以只将每页末的余额结转次页，如某些材料明细账户就没有必要将每页的发生额结转次页。

（三）会计账簿的启用

会计账簿在启用时应当在上面注明账簿名称和单位名称，并在账簿的扉页上附启用表。启用表应当填制完整，不得涂改或刮擦，并加盖单位公章及相关人员的印鉴，在更换记账人员时，应当办理相关的交接手续，并在启用表中注明交接日期，由相关人员签章。使用活页式账簿时，应按账户顺序编号，并定期装订成册，装订后按实际的账页顺序编号，另加目录、记录账户名称及页次。

（四）现金和银行存款账簿的格式和登记方法

日记账是按照经济业务发生或完成的先后顺序进行逐笔登记的账簿。日记账又可以分为普通日记账和特种日记账。

普通日记账一般都是两栏式，格式如下：

普通日记账

年		凭证		会计科目	摘要	借方金额	贷方金额	过账
月	日	字	号					

特种日记账一般分为现金日记账、银行存款日记账和转账日记账三种，下面详细介绍现金日记账和银行存款账簿，必须使用订本式账簿。现金日记账可以是三栏式，也可以是多栏式。

三栏式的格式为：

现金日记账

年		凭证		摘要	对方科目	收入（借方）	支出（贷方）	结余
月	日	字	号					

多栏式的格式为：

现金日记账

年		凭证号	摘要	收　入				支　出			合计	结余
月	日			应贷科目				应借科目				
				银行存款	主营业务收入	……	合计	管理费用	其他应收款			

1. 现金日记账的登记方法

现金日记账由出纳人员根据与现金有关的记账凭证登记，应按经济业务发生的时间顺序每月逐笔登记，并每日结出现金余额，本日余额的公式为：

本日余额＝上日余额＋本日收入－本日支出

在结出余额后，要与库存的现金数核对，以检查现金收付的正确性。

三栏式现金日记账的登记方法如下：

（1）日期栏：应填制记账凭证上所显示的日期。

（2）凭证栏：应填制记账凭证的种类和编号，如："现收字第1号"。

（3）摘要栏：应填制经济业务的简要内容。

（4）收入（借方）、支出（贷方）栏：应填制实际收付的现金金额数。每日终了结出余额，每月终了同样要结出余额，这就是通常所讲的"日清月结"。

多栏式的现金日记账，通常又分为两本账："现金收入日记账"和"现金支出日记账"，两本账的格式为：

现金收入日记账

第　页

年		收款凭证		摘要	贷方科目			收入合计	支出合计	余额
月	日	字	号		银行存款	其他应收款	营业外收入			

现金支出日记账

年		付款凭证		摘要	结算凭证		借方科目		
月	日	字	号		种类	号数	其他应收款	管理费用	支出合计

以上分设的多栏式现金日记账登记方法是：

（1）根据有关现金收入记账凭证填现金收入日记账；根据有关现金支出记账凭证填现金支出日记账。

（2）每日营业终了，结算出现金支出日记账的支出合计数，并把合计数转入现金收入日记账的"支出合计"栏中，结出当日的现金余额。

2. 银行存款日记账的格式和登记方法

（1）银行存款日记账的格式。银行存款日记账与现金日记账格式相同，可以是三栏式，也可以是多栏式。多栏式可以分为"银行存款日记账"和"银行支出日记账"两本账，也可以把收入和支出合并在一本账上。多栏式的银行存款日记账格式与多栏式现金日记账的格式相同。

三栏式银行存款日记账的格式如下：

银行存款日记账（三栏式）

年		凭证		摘要	对方科目	收入	支出	结余
月	日	字	号					

（2）银行存款日记账的登记方法。银行存款日记账与现金日记账的登记方法基本相同，其具体登记方法如下：

1）日期栏：应填制记账凭证上所显示的日期。

2）凭证栏：应填制记账凭证的种类和编号。

3）对方科目栏：应填制银行存款收入或支出的对方科目。例如：用银行存款购买一批原材料，其对方科目应为"原材料"科目。

4）摘要栏：应填制经济业务的简要内容。如果业务涉及现金支票或转账支票等票据，应填写票据的编号，以便期末与银行对账。

5）收入、支出栏：应填列现金实际收付的金额，同现金日记账一样，也应做到"日清月结"。

（五）总分类账的格式和登记方法

1. 总分类账的格式

总分类账简称总账，总账的账页是按总账科目开设的总分类账户，总账可以全面、快捷地反映企业的经济情况，因此，每一个企业都必须设置总账。

总账最常用的格式为三栏式，格式如下：

总分类账（三栏式）

账户名称：

年		凭证号	摘要	借方金额	贷方金额	借或贷	余额
月	日						

2. 总分类账的登记方法

总分类账可以根据汇总记账凭证或者科目汇总表登记，也可以根据记账凭证登记。

（六）明细分类账的格式和登记方法

1. 明细分类账的格式

明细分类账是总分类账的明细记录，它是按照总分类账的核算内容，以更加详细的分类，反映具体类别经济活动的财务收支情况，对总账起补充作用。其格式分为三栏式、多栏式、数量金额式和横线登记式。

（1）三栏式明细分类账。三栏式明细分类账适用于只进行金额核算的账户，例如：应收账款、应付账款、应交税费等。三栏式明细分类账格式如下：

应付账款明细分类账

会计科目：应付账款

明细科目：A公司

年		凭证		摘要	借方	贷方	借或贷	余额
月	日	字	号					

（2）多栏式明细分类账。多栏式明细分类账适用于成本费用类科目明细核算。在实际工作中，可以只按借方发生额设置专栏，由于成本费用类账户贷方发生额较少，可以在借方直接用红笔冲销。具体格式有以下两种：

管理费用明细分类账

年		凭证号	摘要	借　方							
月	日			工资及福利费	办公费	差旅费	折旧费	修理费	工会经费	……	合计

管理费用明细分类账

年		凭证号	摘要	借 方								贷方	余额
月	日			工资及福利费	办公费	差旅费	折旧费	修理费	工会经费	……	合计		

（3）数量金额式明细分类账。数量金额式明细分类账适用于既要进行金额核算又要进行数量核算的账户，例如：原材料等。

原材料明细分类账

类别：　　　　　　　　　　　　　　　　　　　　计划单价：

品名或规格：　　　　　　　　　　　　　　　　　储备定额：

存放地点：　　　　　　　　　　　　　　　　　　计量单位：

年		凭证号	摘要	收 入			发 出			结 存		
月	日			数量	单价	金额	数量	单价	金额	数量	单价	金额

（4）横线登记式明细分类账。横线登记式明细分类账是将每一笔相关业务登记在一行，可以根据栏目的齐全与否判断该业务的进展情况，其实也属于一种多栏式的明细账，适用于材料采购、应收票据和一次性备用金业务，其格式为：

其他应收款——备用金明细账

年		凭证号	摘要	借方			年		凭证号	摘要	贷方			余额
月	日			原借	补付	合计	月	日			报销	退回	合计	

在途物资明细账

材料名称或类别：A 材料　　　　　　　　　　　　　　　　　　　　　　　　第×页

借　方							贷　方						结余金额
付款日期		凭证		供应单位	存货名称	计量单位	金额	收货日期		凭证		数量	金额	
月	日	字	号					月	日	字	号			
5	8	付	1	东方厂	A1	件	52000	5	10	转	1	5200	52000	
5	10	付	2	华宇公司	A2	件	2300	5	11	转	2	230	2300	
5	14	付	3	天地公司	A1	件	6800							
5	31													6800

2. 明细分类账的登记方法

明细分类账的登记方法有三种：

（1）根据原始凭证直接登记明细账。

（2）根据汇总原始凭证登记明细账。

（3）根据记账凭证登记明细账。

不同类型经济业务的明细账可以根据不同类型的凭证逐日逐笔或定期汇总登记。

（七）总分类账与明细分类账的平行登记

平行登记的要点可概括如下：

1. 登记的依据相同

每项经济业务发生以后，都要根据审核无误的会计凭证，一方面记入有关的总分类账，另一方面记入该总账所属的明细分类账。

2. 登记的方向一致

总分类账及其所属明细分类账登记的方向必须一致，即如果在总分类账中登记在借方，则在其所属明细账中也应登记在借方；如果在总分类账中登记在贷方，则在其所属明细账中也应登记在贷方。

3. 登记的金额相等

对每一项经济业务，记入总分类账户的金额与记入其所属明细分类账的金额必须相等。如果同时涉及几个明细分类账户，则记入总分类账的金额与其所属的几个明细分类账的金额之和应当相等。

总分类账和明细分类账平行登记之后可产生如下数量关系：

总分类账户本期发生额＝所属明细分类账户本期发生额合计数

总分类账户期末余额＝所属明细分类账户期末余额合计数

在会计核算过程中，通常利用这种数量相等关系来检查总分类账和明细分类账记录的完整性和正确性。

三、会计账簿的对账、结账、查账与调账

（一）对账

对账就是核对账目，在日常工作中，填凭证、记账、过账、算账、结账的过程中，难免出现错误，因而就要对账户、账簿进行核对工作，在结账前后，要通过对账，核对账簿记录的正确性。一般包括账证核对、账账核对、账实核对三方面的内容。

1. 对账的主要内容

（1）账证核对。账证核对是指核对账簿记录同记账凭证及其所附的原始凭证的时间、编号、内容、金额以及记账方向是否相符。账证核对在日常填制凭证和记账过程中进行，以便及时发现错账进行更正。一般来说，日记账应与收付款凭证核对，总账应与记账凭证核对，明细账应与记账凭证和原始凭证核对。账证核对是保证账账相符、账实相符的基础。

（2）账账核对。账账核对是指核对不同账簿之间的相关记录是否相符，包括对以下内容的核对：

1）总分类账户本期借方发生额合计与贷方余额合计是否相等。

2）总分类账户与所属明细账户期末余额是否相等。

3）总分类账与序时账簿核对。在日常工作中，主要是核对现金、银行存款日记账的本期发生额及期末余额同总分类账中有关账户的余额是否相等。一般通过编制总分类账户发生额及余额调节表来调节序时账簿的借贷不平衡情况。

4）不同部门相关明细分类账簿之间的核对。例如：财产物资明细账与保管部门明细账核对相符。

（3）账实核对。账实核对是指账面余额同财产物资、款项等的实际结存数核对。这种核对一般是通过财产清查进行的，其具体内容包括：

1）现金日记账的余额与现金实际库存数应每日核对相符。

2）银行存款日记账的余额同开户银行送来的对账单应定期核对相符。

3）财产物资明细账的账面余额与实际结存数应核对相符。

4）债权债务明细账的账面余额与对方单位的账面余额应核对相符。

2. 对账的方法与结果处理

（1）往来账款核对。往来账款核对是一项系统的工作，而不是独立的工作，因此核对工作的程序安排非常关键。

1）往来账自查。在与对方单位核对余额之前，应进行往来账自查。

首先，查看往来账余额的金额大小及方向，有无不正常的余额和方向，比如应收账款出现贷方余额，或者某账户的余额比年初大幅度增大或者减小。如出现异常情况，应详细查看相应的明细账。

其次，需详细查看明细账的，应当逐笔浏览该账户借贷方有无不正常的发生额；查看有无异常摘要；如果发生异常的余额、发生额或者摘要等，应查看相应的记账凭证及原始凭证，以确定往来账无错记金额、串户等错误。

最后，逐笔详细查看年初和年末业务的记账凭证及原始凭证，判断有无可能形成未达账项，并记录日期、金额、发票编号等，以备在与对方账户核对时对照使用。

2）余额核对。在往来账自查无误的基础上，与对方单位进行余额核对，如果双方余额一致，则表明双方记录余额均无误。

如果双方余额不一致，则要计算两者差额，并对差额的方向和大小进行分析：查看是否有与差额相同的业务发生，判断是否是未达账项。

查看是否有与差额的 1/2 金额相同的业务发生，判断是否错记了方向；如果双方期末余额不一致，也可分段核对余额，也就是核对双方余额时，可按月度或者季度核对余额，如果期中某时点双方的余额一致，则可以判断该时点之前的业务记录无误，只需核对该时点之后的账目。

3）发生额核对。双方余额不一致通常有很多原因，如果通过分析差额无法确定双方余额不一致的原因，则需要进行发生额核对。核对发生额，有以下两种方法：

方法一：核对本单位往来账中的借贷发生额，勾出借贷发生额对应的业务，此类业务对余额不产生影响，则问题可能存在于没有借贷对应关系的业务中，如此可缩小详细核对的范围，从而减少对账的工作量。

方法二：核对双方的业务发生额，可不按照时间顺序逐笔核对，而是分别核对借方发生额或者贷方发生额，例如专门核对付款业务，或者专门核对购销业务，以确定双方是错记了收付款还是错记了购销业务。

（2）账实不符情况的处理。造成账实不符的原因是多方面的，如财产物资保管过程中发生的自然损耗；财产收发过程中由于计量或检验不准，造成多收或少收的差错；由于管理不善、制度不严造成的财产损坏、丢失、被盗；在账簿记录中发生的重记、漏记、错记；由于有关凭证未到，形成未达账项，造成结算双方账务不符；发生意外灾害等。根据以上情况，主要进行以下处理：

1）现金日记账账面余额与库存现金数额不相符。采用实地盘点的方法来确定库存现金的实存数，然后与现金日记账的账面余额核对，以查明账实是否相符及盈亏情况。现金清查后应填写"现金盘点报告表"并据以调整现金日记账的账面记录。

2）银行存款日记账账面余额与银行对账单的余额不相符。通过与开户银行转来的对账单进行核对，来查明银行存款的实有数额。银行存款日记账与开户银行转来的对账单不一致的原因有两个方面：一是双方或一方记账有错误；二是存在未达账项，对于未达账项，应通过编制银行存款余额调节表进行调整。

3）各项财产物资明细账余额与财产物资的实有数额不相符。应对各项财产物资的盘点结果逐一填制盘存单，并同账面余额记录核对，确定盘盈盘亏数，填制实存账存对比表，作为调整账面记录的原始凭证。

4）有关债权债务明细账账面余额与对方单位的账面记录不相符。一般采用发函询证的方法进行核对。在保证往来账户记录完整正确的基础上，编制"往来款项对账单"，寄往各有关往来单位。对方单位核对后退回，盖章表示核对相符；不相符，对方单位应说明情况。据此编制"往来款项清查表"，注明核对相符与不相符的款项，对不相符的款项按有争议、未达账项、无法收回等情况归类合并，针对具体情况及时采取措施予以解决。

（二）结账

结账是于会计期末，在全部业务登记入账的基础上，按照规定的方法对本期的账簿记录进行小结，结算出各账户的本期发生额和期末余额，并将余额结转下期或转入新账的工作。结账一般包括两方面的内容：一是结清各种损益类账户，并据以计算本期的利润；二是结清资产、负债、所有者权益类账户，结出本期发生额及余额。

1. 结账的方法

（1）日结或月结，应在该日、该月最后一笔经济业务下面划一条通栏单红线，在红线下"摘要"栏内注明"本日合计"或"本月合计"字样，在"借方"栏、"贷方"栏或"余额"栏分别填入本日、本月合计数和月末余额，同时在"借或贷"栏内注明余额的借贷方向。然后，在这一行下面再划一条通栏红线，与下日、下月发生额分清。

一般而言，只有现金和银行存款账户需要日结。

（2）季结，通常在每季度的最后一个月结的下一行"摘要"栏内注明"本季合计"，同时结出借、贷方发生额及季末余额。之后，在这一行下面划一条通栏单红线，表示季结的结束。

（3）年结，在第四季度季结的下一行"摘要"栏注明"本年合计"，同时结出借、贷方发生额及期末余额。然后，在这一行下面划上通栏双红线，表示封账。

（4）年终结账时，有余额的账户，应该把余额结转到下一会计年度，并在摘要栏注明"结转下年"字样，结转金额不再抄写。如果账页的"结转下年"行以下还有空行，应当自余额栏的右上角至日期栏的左下角用红笔划对角斜线注销。在下一会计年度新建有关会计账簿的第一行余额栏内填写上年结转的余额，并在摘要栏注明"上年结转"字样。

2. 结账的程序

（1）将本期发生的经济业务全部登记入账，并保证其正确性；

（2）根据权责发生制，调整账项，确定本期应记的收入和费用；

（3）将损益类科目转入"本年利润"科目，结平所有损益类科目；

（4）结出资产、负债、所有者权益类账户本期发生额及余额，结转下期。

3. 结账时划线的要求和方法

结账划线的目的，是为了突出本月合计数及月末余额，表示本会计期的会计记录已经截止或结束，并将本期与下期的记录明显分开。根据《会计基础工作规范》的规定，月结划单线，年结划双线。划线时，应划红线；划线应划通栏线，不应只在本账页中的金额部分划线。

4. 期末结转账户余额的要求和方法

在实际工作中，结转账户余额有以下两种规范的做法：

（1）将本账户年末余额，以相反的方向记入最后一笔账下的发生额内。例如，某账户年末为借方余额，在结账时，将此项余额填列在贷方发生额栏内（余额如为贷方，则做相反记录），在摘要栏填明"结转下年"字样，在"借或贷"栏内填"平"字并在余额栏的"元"位上填列"0"符号，表示账目已经结平。

（2）在"本年累计"发生额的次行，将年初余额按其同方向记入发生额栏内，并在摘要栏内填明"上年结转"字样；在次行登记年末余额，如为借方余额，填入贷方发生额栏内，反之记入借方，并在摘要栏填明"结转下年"字样。同时，在该行的下端加计借、贷各方的总计数，并在该行摘要栏内填列"总计"两字，在"借或贷"栏内填"平"字，在余额栏的"元"位上填列"0"符号，以示账目已结平。

5. 结账的具体要求和做法

（1）日记账户结账的方法。现金日记账和银行存款必须每日（逐笔）结出余额；月份终了在日结的基础上结计本月发生额和月末余额。每月结账时，要在最后一笔经济业务记录下面划一单红线，结出本月发生额和余额，在摘要栏内注明"本月合计"字样，在下面再划一条单红线，无须年结。

（2）总分类账户结账的方法。总账账户平时只需结计月末余额。年终结账时，为了反映全年各项资产、负债及所有者权益增减变动的全貌，便于核对账目，要将所有总账账户结计全年发生额和年末余额，在摘要栏内注明"本年合计"字样，并在合计数下划一双红线。采用棋盘式总账和科目汇总表代替总账的单位，年终结账，应当汇编一张全年合计的科目汇总表和棋盘式总账。

银行存款总分类账

20××年		凭证		摘要	对方科目	借方	贷方	借或贷	余额
月	日	种类	号数						
1	1			上年结转				借	7000
⋮	⋮	⋮	⋮		⋮	⋮	⋮	⋮	⋮
1	31			本月合计		60000	85000	借	45000
⋮	⋮	⋮	⋮		⋮	⋮	⋮	⋮	⋮
3	31			本月合计		45000	33000	借	57000
⋮	⋮	⋮	⋮		⋮	⋮	⋮	⋮	⋮
12	31			本月合计		54000	61000	借	50000
	31			本年合计		660000	680000	借	50000
	31			结转下年					

（3）明细分类账户结账的方法。对于应收账款等结算类、原材料等财产物资类明细账，由于随时结出了余额，结账时只需要在最后一笔业务下划一条通栏单红线即可。

对于生产成本明细账，由于没有设置贷方栏目，平时用红字登记减少数，结账时本期发生额应为蓝字金额本期合计数。

（三）查账

所谓查账，是指运用系统的、有组织的科学方法，对单位的账、证、表以及财产、物资等进行详细、周密、深入的检查和审核。

1. 查账工作的一般方法

（1）顺查法与逆查法。顺查法是根据会计业务处理的先后程序进行检查的方法。一般按照原始凭证的时间顺序进行检查。以原始凭证为依据，核对记账凭证，根据记账凭证检查总账、明细账，最后核对会计报表。一般应用在业务量少、内部控制制度不健全、账实不符的单位。

逆查法是指按会计业务处理程序的相反方向检查的方法。从检查会计报表开始，对可疑账项和重要项目逐项核对总账、明细账，并审查记账凭证和原始凭证，但只能局限于从会计报表中发现问题，不能对全部账项进行审查。

（2）详查法和抽查法。详查法是指查账人员对查账期间的全部凭证、账簿、报表及其他经济活动进行全面审查，既要对凭证、账簿、报表审查，又要审查有关的经济资料并加以分析，审查的内容全面，结论和评价准确、科学，工作业务量大，费时费力。适用于经济业务较少，会计核算简单或者是为了揭露重大问题而进行的专案审查。

抽查法是指查账人员在查账期间从全部凭证、账簿、报表等有关资料中，抽取部分项目进行审查并据以推断全体情况的一种审查方法。抽查时往往具有很大的随意性，审查的结论和评价准确性较差，所以查账人员可以事先进行周密的准备。抽查法比较节省时间和人力。

（3）计算机审查。随着科学技术的进步和推广使用，企业开始应用计算机，对计算机的审查通常采用绕过计算机审查法、通过计算机审查法和利用计算机审查法。

绕过计算机审查法，指检查计算机程序控制功能的可靠性以及它处理经济业务的准确性。在这里计算机的作用仅限于贮存和处理数据，仅对它的输入和输出进行审查，仍保留手工系统中一切肉眼可见的线索。所以，审查人员不需利用计算机也可以发现问题。这种方法可应用于计算机初级阶段，在审查人员对计算机了解不多的情况下使用。

通过计算机审查法不仅需查输入和输出数据，还要对计算机程序和机内文件进行审查。这种方法可以把系统进行数据处理的方法和原理查清楚，从而得到对系统进行评价的最可靠的证据，结论也比较真实，审查人员对各种运行部分进行审查，不完全依靠系统的运行结果进行审查，独立性较强，要求审查人员必须具有计算机数据处理的一般知识，掌握不同型号计算机的使用方法。

利用计算机审查法是利用通用或专用审计软件包，对计算机系统进行审查的一种审查方法，它的优点是在利用审计软件包进行审查时，可以帮助审查人员进行分类、抽样、分析等工作，可以降低劳动强度，提高审查效率；缺点在于购买和开发审计软件包要花费一定的代价或时间，成本较高，另外可能干扰被审系统的工作，不易得到对方的配合。实践中，任何一个审查项目都不是依靠单一审查方法来完成的，需要多种方法交叉进行，共同完成。

2. 查账工作的组织方法

（1）组建查账队伍。查账是一项细致、复杂、专业性又很强的工作，因此查账人员需要具备高度的工作责任心和良好的分析判断能力，以及相当程度的会计、审计知识。

（2）分析案情，确定查账范围、重点。查账工作必须以案情的分析判断为出发点，在查账前，根据已有线索、材料，对案情分析越正确、越接近客观实际，查账的方向就会越明确、范围越小、重点越突出。这样才能保证查账工作紧紧围绕案件需要进行。

（3）制订查账方案。在案情分析的基础上，还应制订具体的查账方案，即明确重点查什么账目，先查什么，后查什么，查什么账是为了证实什么问题。

（4）做好查账前的资料准备工作。资料准备工作一般包括两个方面：一是了解被查单位的企业性质，掌握被查单位有关部门的职责范围以及单位的业务特点、资金来源、经营范围和经营项目等情况；二是收集、控制原始凭证、记账凭证、各种账册，报表等资料。

3. 查账工作的一般程序

查账人员在查账中应注意做好以下工作：

（1）组织座谈，了解情况，听取意见。

1）通过座谈，说明来意，宣传政策，听取意见，使查账工作得到各方面人员的理解和支持，利于在查账工作中互相协调，积极配合，消除或减少障碍。

2）通过单位领导和各方面人员的情况介绍，进一步掌握情况，如取得哪些成绩，存在什么不足等，从中发现矛盾，寻求查账线索。

（2）深入现场，实地观察。在单位指定人员的带领下，深入工地、施工现场等，进一步掌握第一手活资料，更多地了解情况，以便与上述情况综合分析，做到心中有数地查核账证。

（3）审阅账簿记录。审阅包括摘要在内的会计记录，能快速、全面地掌握经济活动情况，从中印证业绩，发现问题。审阅账目的范围一般应包括总账、明细账、序时账和备查账等。但是，要根据采用的会计核算形式不同有所侧重。一般以明细账为主，结合审阅其他账簿。通过审阅账簿，结合凭证追踪，既可发现违反财经纪律、违法犯罪方面的问题，也可以发现会计处理中一些技术性的问题。

（4）核对账、证、表。将会计报表的各项指标与有关账簿记录核对，抽选某些账户的会计记录或某些时间区段的账簿记录与会计凭证核对。应重视账、表、证的互相核对，并适当扩大核对范围。

（5）验算数据。查清有关数据后，对数字资料的来源和有关计算程式进行必要的验算，做到准确无误。防止情况不清，数字不准，使查账结论出现误差。

（6）验证资料。对于各种检查资料即原始凭证的真实性、合法性以及规定手续的完备性等，要认真审查验证，以免对问题视而不见，造成遗漏。

（7）搜集检查证据。搜集在查账过程中获得的能证明经济活动真相、证实存在问题，能据以形成检查结论、做出查账报告的有关实物证据、书面证据等，以便据以形成正确的结论。证据如：凭证、账簿、报表、合同等的原件或复印件。

（8）对比分析。对通过查账直接或测算获得的各种数据资料，进行比较分析、逻辑分析，进一步证实情况，或从中发现疑点，提供深入检查的线索，保证所获数据准确无误。

（四）调账

1. 账务调整的内容

（1）发现错账引起的账务调整。
（2）会计政策变更引起的账务调整。
（3）资产负债表日后事项引起的账务调整。

2. 错账的账务调整

（1）错账产生的原因。出现错账的原因主要包括两个方面：

1）会计凭证填制错误，主要表现为记录内容有误、计算错误、会计科目错误、借贷方向错误、借贷金额有误。

2）记账错误，主要表现在账簿记录出现重记、漏记、混记、错记等情况。

（2）对错账进行查找的方法。在对账过程中，可能发生各种各样的差错。产生差错的原因可能是重记、漏记、数字颠倒、数字错位、数字记错、科目记错、借贷方向记反，从而影响会计信息的正确性，如发现差错，会计人员应及时查找并予以更正。常见的差错查找方法有以下几种：

1）差数法。差数法是按照错账的差数查找错账的方法。如会计凭证上记录的是：

借：应交税费——营业税   5250

   ——城市维护建设税   367.5

   ——个人所得税   500

  其他应交款——教育费附加   157.5

  贷：银行存款   6275

若会计人员在记账时漏记了城市维护建设税 367.5 元，那么在进行应交税费总账和明细账核对时，就会出现总账借方余额比明细账借方余额多 367.5 元的现象。对于类似差错，应由会计人员通过回忆相关金额的记账凭证进行查找。

2）尾数法。对于发生的角、分的差错可以只查找小数部分，以提高查错的效率。如只差 0.06 元，只需看一下尾数有 "0.06" 的金额，是否已将其登记入账。

3）除 2 法。当账账、账证或账实不符，且差数为偶数时，应首先检查记账方向是否发生错误。在记账时，有时由于会计人员疏忽，错将借方金额登记到贷方或将贷方金额登记到了借方，这必然会出现一方合计数增多，而另一方合计数减少的情况，其差额恰是记错方向数字的 1 倍，且差数是偶数。对于这种错误的检查，可用差错数除以 2，得出的商数就是账中记账方向的反方向数字，然后再到账目中去寻找差错的数字就有了一定的目标。如：

借：其他应收款——总务科   500

  贷：库存现金   500

登记明细账时，错把其他应收款登记入贷方，总账与明细账核对时，就会出现总账借方余额大于明细账借方余额 1000 元，将 1000 元除以 2，正好是贷方记错的 500 元。

4）除 9 法。除 9 法是指用对账差额除以 9 来查找差错的一种方法，主要适用于下列两种错误的查找。一是数字错位错误的查找。在查找错误时，如果差错的数额较大，就应该检查一下是否在记账时发生了数字错位。在登记账目时，会计人员有时会把位数看错，把十位数看成百位数，百位数看成了千位数，把小数看大；也可能把百位看成十位，千位看成百位数，把大数看小。这种情况下，差错数额一般比较大，可以用除 9 法进行检查。如将 70 元看成了 700 元并登记入账，此时在对账时就会出现余额差 700−70＝630（元），用 630

元除以 9，商为 70 元，70 元就是应该记录的正确数额。又如收入现金 800 元，误记为 80 元，对账结果会出现 800-80＝720（元）差值，用 720 元除以 9，商为 80 元，商数即为差错数。

二是相邻数字颠倒错误的查找。在记账时，有时易将相邻的两位数或三位数的数字登记颠倒了，如将 86 记成 68，315 记成了 513，它们的差值分别是 18 和 198，都可以被 9 整除，这样知道错误问题之后，进一步判断错在哪一笔业务上就可以了。

如果用上述方法检查均未发现错误，而对账结果又确实不符，还可以采用顺查、逆查等方法检查是否有漏记和重记等现象。

顺查法指按照记账顺序，从原始凭证开始，逐步查到账户发生额及余额试算平衡表为止。首先，核查记账凭证是否与所附原始凭证相符，凭证中数字与合计的计算有无差错；其次，将记账凭证及所附原始凭证与有关总分类账、明细分类账及日记账逐笔进行核对，检查有无漏记、重记及错记等情况；最后，检查账户发生额及余额试算表的抄写是否正确，结算是否正确。

逆查法指按照记账的相反顺序，从账户发生额及余额试算平衡表开始，一直查到原始凭证为止。首先，核算账户发生额及余额试算平衡表中的数字及抄写是否正确；其次，逐笔核对有关账簿记录与记账凭证是否相符；最后，核查记账凭证与所附原始凭证是否相符。

（3）错账的类型及调整方法。根据错账发生的时间不同，可将错账分为当期发生的错账和以往年度发生的错账。其发生的时间不同，调账的方法也有所不同。

1）对当期错误会计账目的调账方法。如果发现的是当期的错误会计账目，可根据正常的会计核算程序，采用红字更正法、补充登记法、划线更正法、综合账务调整法予以调整。对于按月结转利润的纳税人，在本月内发现的错账，调整错账本身即可；在本月以后发现的错账，直接在发现当月做更正分录进行账务调整。

方法一：红字更正法。

应用红字更正法一般有两种情况：一是记账后在当年内发现记账凭证所记的会计科目错误，可以采用红字更正法。当记账凭证会计科目错误时，用红字填写一张与原凭证会计科目完全相同的记账凭证，用以注销原错误的记账凭证，然后用蓝字填写一张正确的记账凭证。

例如：企业用银行存款购入一套设备，价值 20000 元。而记账凭证填制错误，并以此入账，错误的记账凭证填制为：

借：固定资产   20000

  贷：现金   20000

更正时，应用红字填制一张相同的记账凭证：

借：固定资产   20000

  贷：现金   20000

然后，再用蓝字填写一张正确的记账凭证：

借：固定资产   20000

  贷：银行存款   20000

二是会计科目正确，而所记金额大于应记金额，也可以采用红字更正法。会计科目正确，而所记金额大于应记金额，应按多记的金额用红字填制一张与原凭证会计科目及借贷方向相同的记账凭证，以冲销多记的金额。

例如：企业从银行提现 25000 元，记账凭证填制错误：

借：现金   30000

  贷：银行存款   30000

发现错误后，用红字冲销多记的金额：

借：现金   5000

  贷：银行存款   5000

方法二：补充登记法。

补充登记法是在会计科目填写正确的情况下，所记金额小于应记金额，应按少记的金额用蓝字编制一张与原凭证借贷科目相同的记账凭证，以补充少记的金额。

例如：还是上面的例题，企业从银行提现 25000 元，记账凭证填制错误：

借：现金   20000

  贷：银行存款   20000

更正时，直接用蓝字补充登记：

借：现金   5000

  贷：银行存款   5000

方法三：划线更正法。

划线更正法又称红线更正法。在结账前发现账簿记录有文字或数字上的错误，而记账凭证没有错误，可以使用划线更正法。更正时，在错误的文字或数字上划一条红线，在红线的上面填写正确的文字或数字，并由记账人员在更正处盖章。对于错误的数字，应全部用红线划去，不得只在错误的数字上划线。

例如：账簿中，把 376.12 元错记成 367.12 元，更正时不可以只划去"67"两个数字，而要把"367.12"全部用红线划去，在其上方填写"376.12"。

方法四：综合账务调整法。

将红字冲销法与补充登记法加以综合运用，一般适用于在本月以后发现的错账，直接在发现当月做更正分录进行账务调整。

例如：某企业将专项工程耗用材料列入管理费用 4500 元。

借：管理费用   4500

 贷：原材料   4500

上述会计分录借方错用会计科目，按会计准则规定，专项工程用料应列入"在建工程"科目。

调整分录为：

借：在建工程   4500

 贷：管理费用   4500

注：做更正调整分录的诀窍是，将错误分录的借贷方反过来，与正确分录合并成一个分录即为更正分录。

2）对以前年度错误会计账目的调账方法。

①对以前年度不存在重大差错的错账，根据重要性原则，直接按综合调整法处理。即直接在发现当月做更正分录进行账务调整。

②对以前年度存在重大差错的错账，需采用追溯重述法进行账务调整。

追溯重述法是指在发现前期差错时，视同该项前期差错从未发生过，从而对财务报表相关项目进行更正的方法。确定前期差错影响数不切实可行的，可以从可追溯重述的最早期间开始调整留存收益的期初余额，财务报表其他相关项目的期初余额也应当一并调整，也可以采用未来适用法，企业应当在重要的前期差错发现后的财务报表中，调整前期比较数据。

追溯重述法一般需要经过以下几个步骤：

第一步，确认前期差错。

第二步，确定前期差错的影响数。

第三步，进行相关会计处理。对于发现的前期差错，如影响损益，应根据其对损益的影响数调整发现当期的期初留存收益，财务报表其他相关项目的期初数也应一并调整；如不影响损益，应调整财务报表相关项目的期初数。

第四步，调整财务报表相关项目金额。在编制比较财务报表时，对于比较财务报表期间的前期差错，应调整该期间的净损益和其他相关项目，视同该差错在产生的当期已经更正；对于比较财务报表期间以前的前期差错，应调整比较财务报表最早期间的期初留存收益，财务报表其他相关项目的数字也应一并调整。

第五步，在财务报表附注中披露会计差错。企业应在财务报表中就前期差错披露以下内容：前期差错的性质；各个列报前期财务报表中受影响的项目名称和更正金额；无法进行追溯重述的，应说明该事实和原因以及对前期差错开始进行更正的时点和具体更正情况。

例：某企业 2014 年发现 2013 年有以下三笔重要的前期差错：

①少提管理部门的折旧费用 100000 元，税法允许 2013 年应计提的折旧为 80000 元；

②多计提了存货跌价准备 60000 元；

③少记一笔 20000 元与税收有关的滞纳金和罚款，该罚款尚未支付。

该企业的所得税率为 25%，所得税采用资产负债表债务法进行核算，企业按 10%的比例计提法定的公积金。要求根据上述所给资料采用追溯重述法对上述前期差错进行更正，并写出详细的账务处理程序。

第一步，确定前期差错形成的影响数的所属性质。

前期差错形成的影响数为 180000（即 100000+60000+20000）元，其中第一笔的 100000 元中有 80000 元属于差额，20000 元属于暂时性差异；第二笔的 60000 元全部属于暂时性差异；第三笔的 20000 元全部属于永久性差异。

第二步，编制更正差错的会计分录。

①补记。

借：以前年度损益调整（管理费用）	100000	
贷：累计折旧		100000
借：存货跌价准备	60000	
贷：以前年度损益调整（资产减值损失）		60000
借：以前年度损益调整（营业外支出）	20000	
贷：其他应付款		20000

②调税。

借：应交税费——应交所得税	20000（80000×25%）	
递延所得税资产	5000（20000×25%）	
贷：以前年度损益调整（所得税费用）		25000（100000×25%）
借：以前年度损益调整（所得税费用）	15000（60000×25%）	
贷：递延所得税资产		15000（60000×25%）

③转入。

借：利润分配——未分配利润　　　　　　　　　　　50000

　　贷：以前年度损益调整　　　　　　　　　　　　　　50000

④调减。

借：盈余公积　　　　　　　　　　　　　5000（50000×10%）

　　贷：利润分配——未分配利润　　　　　　　　　　　5000

第三步，调整会计报表（年初数和上年数）。

其中会计报表附注中的累计折旧调增 100000 元，存货跌价准备调减 60000 元。

第四步，写出附注说明（略）。

3）会计政策变更的调账方法。会计政策变更需要进行调账时，可根据以下规定情况来处理，选择合适的调账方法。

国家如果发布相关的会计处理办法，则按照国家发布的相关会计处理规定进行处理。例如，1993 年我国会计改革，会计政策发生了较大的变动。因此，国家有关部门对各行业都制定了相关的新旧会计制度衔接处理办法，各行业在执行新制度的过程中，对于会计政策变更的处理，应该按照该衔接办法的规定进行处理。又如，税制改革后，增值税由价内税改为价外税，其核算的会计政策相应也要改变，国家在发布增值税会计处理办法的同时，又发布了有关的衔接办法。

国家没有发布相关会计处理办法的，则采用追溯调整法进行会计处理。

追溯调整法，指对某项交易或事项变更会计政策时，视同初次发生时就开始采用新的会计政策，并以此对相关项目进行调整的方法。计算政策变更的累计影响数，并调整期初留存收益。

追溯调整法的步骤：

①计算累计影响数。累计影响数是指采用新政策重新追溯计算的累计数减去旧政策计算的累计数所得差额对所得税后的影响数。

②进行账务处理。

③调整会计报表相关项目。

④附注说明。

注：追溯调整法具体的运用与追溯重述法类似，在账务处理的区别上主要是不需要运用"以前年度损益调整"账户过渡，而将累计影响数直接汇总计入"利润分配——未分配利润"账户。此处不再举例赘述。

四、会计账簿的更换与保管

（一）会计账簿更换的要求和方法

会计账簿的更换通常在新的会计年度建账时进行。一般而言，总账、日记账、多数明细账都是一年更换一次。但是，有些明细账，如财产物资明细账，不必每年度更换一次，各种备查账簿也可以连续使用。

（二）旧账归档移交前的准备工作

账簿在更换新账后除跨年使用的账簿外，其他账簿应按时整理归入会计档案保管。归档前应做好以下几项工作：

（1）账簿装订前的工作。首先按账簿启用表的使用页数核对账户是否相符，账页是否齐全，序号排列是否连续；然后，按会计账簿封面、账簿启用表、账户目录和排序整理好的账页顺序装订。

（2）活页式账簿装订要求。将账页填写齐全，去除空白页和账夹，并加上封面封底；多栏式活页式账簿、三栏式活页式账簿、数量金额式活页式账簿等不得混装，应按同类业务、同类账页装订在一起；在装订账页的封面上填写好账簿的种类，编好卷号，由会计主管人员、装订人或经办人签章。

（3）账簿装订后的其他要求。会计账簿应牢固、平整，不得有折角、缺角、错页、掉页、加空白纸的现象；会计账簿的封口要严密，封口处要加盖印章；封面应齐全、平整，并注明所属年度及账簿名称、编号，编号要一年一编，编号顺序是总账、现金日记账、银行存款日记账、分类明细账；旧账装订完毕后，按规定要求进行保管。

（三）调用旧账档案时办理手续的做法

各企业应建立健全会计档案查阅、复制登记制度，各企业保存的会计账簿归档后不得借出，如有特殊需要应经本企业负责人批准，可以提供查阅或者复制，并办理登记手续，查阅或者复制会计档案的人员，严禁在会计档案上涂画、拆封和抽换。

（四）账簿保管期满销毁时办理手续的做法

账簿保管期满，可以按照下列程序销毁：

（1）由本单位档案机构会同会计机构提出销毁意见，编制会计账簿销毁清册，列明销毁档案的名称、卷号、册数、起止年度、档案编号、应保管期限、已保管期限、销毁时间等内容。

（2）单位负责人在会计账簿销毁清册上签署意见。

（3）销毁会计账簿时，应当由档案机构和会计机构共同派员监销。国家机关销毁会计账簿时，应当由同级财政部门、审计部门派员参加监销。财政部门销毁会计账簿时应当由同级审计部门派员参加监销。

（4）监销人员在销毁会计账簿前应当按照会计账簿销毁清册所列内容清点核对所销毁的会计账簿；销毁后，应当在会计账簿销毁册上签名盖章，并将监销情况报告本单位负责人。

（五）会计电算化档案保存与管理

会计电算化档案一般采用磁盘、光盘、微缩胶片等介质存储，作为会计档案的保管单位应满足以下要求：

（1）采用存储介质保存会计档案，不再定期打印。输出数据时，必须征得同级财务部门的同意。

（2）保存期限根据不同的会计档案有不同规定，例如：会计报表应当在月末结账时及时保存。

（3）记账凭证、总分类账、现金及银行存款日记账仍需打印输出。

（4）大中型企业采用光盘、微缩胶片存储会计数据。

（六）在会计电算化系统中进行数据备份与恢复的做法

1. 数据备份

计算机会计核算系统中的数据备份，通常是指将存贮在计算机硬盘上的数据复制到软盘上，在计算机以外的地方另行保管，当硬盘上的数据发生故障时，能及时地从软盘上恢复正确的数据。数据备份的另一个作用是查询输出以往年份的账。AB备份法是计算机会计核算系统常用的方法，基本原理是：每年度准备若干张已格式化的软盘并将其分为两组，每组软盘张数视业务量的多少而定；如果 A 组先用作备份，那么 B 组可用作下一次的备份，再下一次又使用 A 组软盘备份；两次备份的时间间隔根据具体情况制定。当硬盘数据发生故障时，可使用 A 组软盘恢复到最新状态，假如 A 组软盘也发生数据丢失或损坏，还可以用 B 组软盘恢复到最近的状态，以确保会计档案的安全完整。AB 备份法可以有效地提高系统会计数据的安全系数。至此，一个备份周期中的所有数据及公式文件完成备份。

2. 数据恢复

数据恢复是指将备份到软盘上的数据恢复到计算机硬盘上，它与数据备份是一个相反的过程。在下列情况下应使用数据恢复功能进行数据恢复：

（1）当硬盘数据被破坏时；

（2）当需要查询以往年份的历史数据，而这些数据已从硬盘清除时；

（3）当需要从一台计算机转移到另一台计算机运行会计软件时，可在新的计算机上先安装会计软件，再将原会计数据恢复到新计算机的硬盘上。

3. 数据恢复时应注意的事项

（1）由于恢复数据是覆盖性的，不正确的恢复可能破坏硬盘中的最新数据，因此在做数据恢复时，应先将硬盘数据备份。

（2）进行恢复操作时，用户应指明恢复何年何月的数据。当开始恢复数据时，系统首先识别软盘上标志的备份日期是否与用户选择的日期相同，如果不相同将提醒用户换盘。由于数据恢复工作比较重要，容易错把硬盘上的最新数据变成软盘上的旧数据，因此应指定少数人进行此项操作。

（3）不要在恢复过程中关机、关电源或重新启动机器。

（4）不要在恢复过程中打开驱动器开关或抽出软盘，除非系统提示换盘。

第三天 会计报表：会计信息三大载体之三

会计报表又称为财务会计报告，是指对外提供的反映某一会计期间经营成果、现金流量和某一特定日期财务状况等会计信息的文件，是企业会计核算的最终成果。会计报表是在会计期末编制的，是会计工作的终结，会计报表编制是一项很重要的工作，是会计信息的使用者快速、准确掌握企业财务信息的便捷途径。所以会计报表的编制必须正确、准确地反映财务数据，从而为企业的未来决策提供依据。第三天，我们来详细介绍会计报表相关的基本知识。

一、会计报表的编制与报送

（一）会计报表的基本内容

一般来讲，一套完整的会计报表至少应包括资产负债表、利润表、现金流量表、所有者权益变动表及附注。

资产负债表、利润表及现金流量表分别从不同角度反映企业的财务状况、经营成果和现金流量。所有者权益变动表及附注反映的是企业的净利润及其分配情况，所以，企业不需要再单独编制利润分配表。

附注是财务报表不可缺少的重要部分，是对以上四种报表的补充说明，而每一张会计报表都应包括以下内容：

（1）编制报表的名称。

（2）日期：资产负债表的编制日期和报表涵盖的会计期间。

（3）人民币金额的单位。

（4）会计报表是合并报表的应当予以注明。

（二）会计报表的编制要求

为使会计报表最大限度地满足企业的相关需要，会计报表在编制时应当遵循一定的规则，其基本要求如下：

1. 以持续经营为基础

会计报表的编制与会计工作的其他环节一样，都要以持续经营为基础，根据实际发生的经济业务进行确认和计量。

2. 真实可靠

会计报表各项目的数据必须真实可靠，会计报表的编制必须根据核对无误的账簿及相关资料编制，不可弄虚作假。

3. 一致性

会计报表项目应当在每一个会计期间保持一致，不可随意变更，但如有下列情况则可以相应变更：

（1）会计准则要求改变的会计报表项目。

（2）由于企业自身的性质发生变化，而相应地改变会计报表的列报项目，可以提供更加准确可靠的会计信息。

4. 相关可比性

会计报表提供的信息应当与会计信息的使用者的经济决策相关联，便于报表使用者对不同或同一企业的不同会计期间各项经营指标进行对比，更好地为使用者的决策服务。

5. 全面完整

会计报表应当全面完整地披露企业的财务状况、经营成果、现金流量和所有者权益变动情况，完整地反映企业财务活动的过程和结果，以满足使用者的需求。

6. 编报要及时

会计报表所反映的会计信息具有很强的时效性，只有及时编制和报送会计报表，才能为使用者提供准确的决策依据。

7. 易于理解

会计报表提供的会计信息应当清晰明了，便于使用者理解和使用。当然，这需要建立在会计报表使用者具有一定财务知识的基础上。

8. 企业对外提供的会计报表应编定页数，加封面，并装订成册，加盖公章

封面上应注明：企业名称、企业统一代码、组织形式、地址、报表所属会计期间、编制日期等，并由相关负责人签章。

（三）会计报表的报送、审核和汇总

企业的会计报表必须由企业领导、总会计师、会计主管人员和制表人员签名盖章后才能报出。单位负责人对会计报表的合法性、真实性负法律责任。

1. 会计报表的报送

应向哪些单位报送会计报表，这与各单位的隶属关系、经济管理和经济监督的需要有关。国有企业一般要向上级主管部门、开户银行、财政、税务和审计机关报送会计报表。同时应向投资者、债权人以及其他与企业有关的报表使用者提供会计报表。股份有限公司还应向证券交易和证券监督管理机构提供会计报表。根据法律和国家有关规定，对会计报表必须进行审计的单位应先委托会计师事务所进行审计，并将注册会计师出具的审计报告，随同财务会计报告按照规定期限报送有关部门。

2. 会计报表的审批

上级主管部门或总公司、财政、税务和金融部门，对各企业报送的会计报表应当认真审核。主要审核会计报表的编制是否符合会计准则和会计制度的有关规定，审查和分析会计报表的指标内容，以便对报送单位的财务活动情况进行监督。在审核过程中，如果发现报表编制有错误或不符合要求，应及时通知原单位进行更正，错误较多的应当重新编报。如果发现有违反法律和财经纪律、弄虚作假的现象，应查明原因，及时纠正，严肃处理。

会计报表审核后，要进行批复。年度决算报表除经上级主管部门审核批复外，还应由财政部门审批。企业要认真研究、执行上级主管部门对报表的批复意见，并在账务上做相应处理。

3. 会计报表的汇总

国有企业会计报表报送上级主管部门后，上级主管部门要将所属单位上报的会计报表合并，编制汇总会计报表。汇总会计报表是上级根据所属单位上报的会计报表汇总编制，用来总括反映所属单位财务状况和经营成果的书面文件。在汇编会计报表时，必须先审核后汇总。汇总会计报表的格式和基层单位会计报表的格式基本相同。编制方法是根据所属单位的会计报表和汇编单位本身的会计报表，经过合并、分析计算、汇总而填列的。

各级企业主管部门编好汇总会计报表后，应按规定的期限逐级上报，并及时报送同级财政、计划、税务等国家综合部门，以便及时提供国家宏观管理所需的会计信息。

二、资产负债表

（一）资产负债表的含义

资产负债表是反映企业某一特定日期财务状况的会计报表，如：月末、季末、年末等，是企业的基本会计报表之一，是所有独立核算的企业都必须对外报送的会计报表。

（二）资产负债表的填列依据

资产负债表的依据是：

资产＝负债+所有者权益

资产负债表的左边是资产类科目，右边是负债、所有者权益类科目，也就是资产负债表的左右两部分的合计金额要相等，所以重要的依据是上面的等式。

（三）资产负债表的格式

资产负债表一般由表头、表身、表尾等部分组成。资产负债表的格式主要分为账户式和报告式两种，我国企业的资产负债表多采用账户式结构，具体格式如下：

资产负债表

编制单位：　　　　　　　　　　　___年___月___日　　　　　　　　单位：元

资产	期末余额	年初余额	负债及所有者权益（或股东权益）	期末余额	年初余额
流动资产：			流动负债：		
货币资金			短期借款		
交易性金融资产			交易性金融负债		
应收票据			应付票据		
应收账款			应付账款		
预付款项			预收款项		
应收利息			应付职工薪酬		
应收股利			应交税费		
其他应收款			应付利息		
存货			应付股利		
一年内到期的非流动资产			其他应付款		
其他流动资产			一年内到期的非流动负债		
流动资产合计			其他流动负债		
非流动资产：			流动负债合计		
可供出售金融资产			非流动负债：		
持有至到期投资			长期借款		
长期应收款			应付债券		
长期股权投资			长期应付款		
投资性房地产			专项应付款		
固定资产			预计负债		
在建工程			递延所得税负债		
工程物资			其他非流动负债		
固定资产清理			非流动负债合计		
生产性生物资产			负债合计		
油气资产			所有者权益：		
无形资产			实收资本		
开发支出			资本公积		

资产	期末余额	年初余额	负债及所有者权益（或股东权益）	期末余额	年初余额
商誉			减：库存股		
长期待摊费用			盈余公积		
递延所得税资产			未分配利润		
其他非流动资产			所有者权益总计		
非流动资产合计					
资产总计			负债及所有者权益（或股东权益）总计		

由以上资产负债表可以看出，账户式资产负债表分为左右两部分，左方为资产项目，按流动性由大到小排列；右方为负债和所有者权益项目，按求偿权的先后顺序排列。资产负债表的左方与右方的合计金额应当相等，应当符合"资产=负债+所有者权益"这一会计等式。

（四）资产负债表的项目的排列顺序

在现行的资产负债表中，资产项目一般是按资产的流动性排序的，流动性由强到弱，依次排列，即"流动列前"；相应地负债也分短期负债和长期负债，短期负债列前，长期负债列后；在所有者权益项目中，则将所有者投入的资本和在经营中取得的利润的未分配部分分别列示。

（五）资产负债表的填列规则和方法

一般来讲，资产负债表的各个项目均需填制"年初余额"和"期末余额"两栏。资产负债表的"年初余额"应根据上年末资产负债表的"期末余额"填制。如资产负债表的项目有变更，则要对上年末资产负债表的相关项目的"期末余额"做出调整，之后填入本报表的"年初余额"栏内。资产负债表的"期末余额"根据报表编制的时间，如月末、季末、年末的数字填列。下面主要介绍资产负债表各项目的具体填列方法。

1. 资产类项目的填列方法

（1）货币资金：在填列时，货币资金应根据"现金"、"银行存款"、"其他货币资金"的期末余额的合计数进行填列。

（2）应收票据：在填列时根据"应收票据"科目的期末余额直接填列。

注意：已向银行贴现或已经背书转让的应收票据不在本栏目金额反映，已贴现的商业承兑汇票，应在会计报表附注中单独反映。

（3）应收账款：根据"应收账款"和"预收账款"明细账期末借方余额的合计数减去"坏账准备"科目中有关应收账款计提坏账准备后的余额填列。

注意：如"应收账款"明细科目有贷方余额，则应在本表"预收款项"中填列。

（4）预收账款：根据"预收账款"和"应付账款"明细科目的期末借方余额合计数填列。

注意：如"预付账款"明细账有贷方余额的，应在"应付账款"中填列，"应付账款"明细账有借方余额的，也应在"预付款项"中填列。

（5）应收利息：根据"应收利息"科目的期末余额填列。

注意：企业购入到期还本付息债券应收的利息，不包括在本项目内。

（6）应收股利：根据"应收股利"科目的期末余额填列。

注意：企业应收的其他单位的利润，也包括在本项目内。

（7）其他应收款：根据"其他应收款"科目的期末余额减去"坏账准备"中关于其他应收款计提坏账准备后的期末余额填列。

（8）存货：根据"物资采购、原材料、低值易耗品、自制半成品、库存商品、包装物、分期收款发出商品、委托加工物资、委托代销商品、受托代销商品、生产成本"等科目的期末借方余额合计减去"代销商品款、存货跌价准备、材料成本差异、商品进销差价"等科目的期末贷方余额后的金额填列。

（9）持有至到期投资：根据"持有至到期投资"科目的期末余额减去"持有至到期投资减值准备"科目期末余额后的金额填列。

注意："持有至到期投资"指的是企业购入的，持有至到期，中途不准备变现的债券投资，分为分期付息到期还本的债券投资和到期一次还本付息的债券投资两种。

（10）长期应收款：根据"长期应收款"科目期末余额减去"未实现融资收益"账户的期末余额后的金额填列。

（11）长期股权投资：根据"长期股权投资"科目的期末余额减去"长期投资减值准备"科目的期末余额后的金额填列。

注意：企业一年以后到期的委托贷款净额也在本栏内反映。

委托贷款净额＝本金＋利息−计提的损失准备

（12）固定资产：根据"固定资产"和"累计折旧"科目的期末余额填列。

（13）在建工程：根据"在建工程"科目的期末余额减去"在建工程减值准备"科目的期末余额后的金额填列。

注意：在建工程项目包括：已耗用的材料、工资和费用、交付安装的设备价值、未完建筑安装工程、预付出包工程的价款、已经建设完毕但尚未交付使用的建筑安装工程的可收回资金。

（14）工程物资：根据"工程物资"科目的期末余额填列。

（15）固定资产清理：根据"固定资产清理"科目的期末余额填列，若其期末余额在贷方，则以"-"号填列。

（16）无形资产：根据"无形资产"科目期末余额减去"无形资产减值准备"科目的期末余额后的金额填列。

（17）商誉：根据"商誉"科目的期末余额填列。

注意："商誉"发生减值的应根据其期末余额减去"商誉减值准备"的期末余额后的金额填列。

（18）长期待摊费用：根据"长期待摊费用"科目期末余额填列。

2. 负债类项目的填列方法

（1）短期借款，根据"短期借款"科目的期末余额填列。

注意：短期借款指的是企业尚未归还的期限在一年以下（含一年）的借款。

（2）应付票据：根据"应付票据"科目的期末余额填列。

（3）应付账款：根据"应付账款"和"预付账款"明细科目期末贷方余额合计数填列，如果"应付账款"明细科目期末有借方余额，应在"预付款项"科目内填列。

（4）预收款项：根据"预收账款"和"应收账款"明细科目期末贷方余额合计数填列。

注意：如果"预收账款"明细科目期末借方有余额，则应在"应收账款"科目中填列；如果"应收账款"明细科目期末贷方有余额，则应在"预收款项"项目内填列。

（5）应付职工薪酬：根据"应付职工薪酬"科目期末贷方余额合计数填列。

注意：如果"应付职工薪酬"科目期末有借方余额，应以"-"填列。

（6）应交税费：根据"应交税费"科目期末余额合计数填列。

注意：如果"应交税费"科目有借方余额，应以"-"填列。

（7）应付利息：根据"应付利息"科目的期末余额填列。

（8）应付股利：根据"应付股利"科目的期末余额填列。

（9）其他应付款：根据"其他应付款"科目的期末余额填列。

（10）一年内到期的非流动负债：根据有关科目期末余额减去将于一年内（含一年）到期偿还数后的余额填列。

（11）长期借款：根据"长期借款"科目的期末余额填列。

（12）应付债券：根据"应付债券"科目的期末余额填列。

（13）长期应付款：根据"长期应付款"减去"未确认融资费用"科目余额后的金额填列。

3. 所有者权益项目的填列方法

（1）实收资本：根据"实收资本"科目的期末余额填列。

（2）资本公积：根据"资本公积"科目的期末余额填列。

（3）盈余公积：根据"盈余公积"科目的期末余额填列。

（4）未分配利润：根据"本年利润"和"利润分配"科目的余额计算填列，未弥补的亏损，在本项目以"-"填列。

（六）资产负债表日后事项

资产负债表日后事项包括资产负债表日后调整事项和资产负债表日后非调整事项。

1. 调整事项

资产负债表日后调整事项，是指对资产负债表日已经存在的情况提供了新的或进一步证据的事项。

调整事项的特点是：

（1）在资产负债表日或以前已经存在，资产负债表日后得以证实的事项；

（2）对按资产负债表日存在状况编制的财务报表产生重大影响的事项。

以下是资产负债表日后调整事项：

（1）资产负债表日后诉讼案件结案，法院判决证实了企业在资产负债表日已经存在现时义务，需要调整原先确认的与该诉讼案件相关的预计负债，或确认一项新负债。

（2）资产负债表日后取得确凿证据，表明某项资产在资产负债表日发生了减值或者需要调整该项资产原先确认的减值金额。

（3）资产负债表日后进一步确定了资产负债表日前购入资产的成本或售出资产的收入。

（4）资产负债表日后发现了财务报表舞弊或差错。

2. 非调整事项

资产负债表日后非调整事项，是指表明资产负债表日后发生的情况的事项。

非调整事项的特点是：

（1）资产负债表日并未发生或存在，完全是资产负债表日后才发生的事项；

（2）对理解和分析财务报告有重大影响的事项。

以下是资产负债表日后非调整事项：

（1）资产负债表日后发生重大诉讼、仲裁、承诺。

（2）资产负债表日后资产价格、税收政策、外汇汇率发生重大变化。

（3）资产负债表日后因自然灾害导致资产发生重大损失。

（4）资产负债表日后发行股票和债券以及其他巨额举债。

（5）资产负债表日后资本公积转增资本。

（6）资产负债表日后发生巨额亏损。

（7）资产负债表日后发生企业合并或处置子公司。

3. 调整事项与非调整事项的区别

资产负债表日后事项，若在资产负债表日或之前已经存在，则属于调整事项；反之，则属于非调整事项。

4. 表明持续经营假设不再适用的事项

通常情况下，企业会计核算应当建立在持续经营基础上，其对外提供的财务报告也应当以持续经营为基础进行编制。如果资产负债表日后事项表明持续经营不再适用的，则企业不应当在持续经营基础上编制财务报告。

在理解资产负债表日后事项的会计处理时，还需要明确以下两个问题：

第一，怎样确定资产负债表日后某一事项是调整事项还是非调整事项，是对资产负债表日后事项进行会计处理的关键。同一性质的事项可能是调整事项，也可能是非调整事项，这取决于该事项表明的情况是在资产负债表日或资产负债表日以前已经存在或发生，还是在资产负债表日后才发生的。

第二，企业会计准则以列举的方式说明了资产负债表日后事项中，哪些属于调整事项，哪些属于非调整事项，但并没有列举详尽。实务中，会计人员应按照资产负债表日后事项的判断原则，确定资产负债表日后发生的事项中哪些属于调整事项，哪些属于非调整事项。

（七）资产负债表的财务分析

（1）初步浏览资产负债表，首先会对企业的资产、负债及所有者权益的构成和增减变化有个初步的认识。可以先把资产与所有者权益科目进行对比分析，一般而言，当所有者权益的增长高于资产总额的增长时，说明企业的资金实力有所提高；反之则说明企业的资金实力降低，偿债能力下降。

（2）进一步对资产负债表的重要项目进行分析，尤其要注意期初与期末余额之间数字变化比较大，甚至出现大额红字的项目。如：流动资产、固定资产、应收账款、货币资金等具体项目。

例如：资本公积超过企业的股本，这表示企业将有不错的股利分配政策，企业应收账款过多，占资产的比重过高，说明企业资金占用情况很严重，结算质量降低。另外，对一些项目进行分析时，还应结合企业所涉及的行业特点。

（3）根据资产负债表的数据，可以对一些基本的财务指标进行计算。

1）流动比率＝流动资产÷流动负债

公式中的流动资产包括现金、银行存款、应收票据、应收账款、预付账款、待摊费用、存货；流动负债包括短期借款、应付票据、应付账款、预收账款、应付职工薪酬、应交税费、预提费用、其他应付款及长期负债本期将到期的部分。

一般而言，流动比率主要用来反映企业偿还债务的能力。2：1的流动比率是一种最佳的状态，流动比率过高，反映出企业财务结构的不合理，表现在以下几方面：

①企业某环节管理薄弱，从而导致企业应收账款和存货水平较高；

②企业因经营管理理念的保守，不愿扩大负债经营的规模；

③企业通过发行股票、长期借款等方式筹集的资金未投入运营。

所以，总体而言，流动比率过高主要反映了企业资金利用不充分；反之，流动比率过低，则反映出企业的偿债能力较弱。

例：根据资料，XYZ 公司 2014 年初与年末的流动资产分别为 3050 万元、3500 万元，流动负债分别为 1100 万元、1500 万元，则该公司流动比率为：

年初流动比率 = 3050÷1100 = 2.773

年末流动比率 = 3500÷1500 = 2.333

XYZ 公司年初年末流动比率均大于 2，说明该企业具有较强的短期偿债能力。

2）速动比率 = （流动资产－存货－预付费用）÷流动负债

速动比率反映的是立即可以用来偿债的流动资产。速动比率以 1∶1 最为适当。由于在企业的流动资产中，有一部分变现能力比较弱，如：存货、预付费用及待摊费用，为了更准确地反映企业的偿债能力，通常管理者会利用这一比率来测评企业的偿债能力。

在实际工作中，流动比率和速动比率的评价标准还要根据行业特点综合判定，不可一概而论。

3）净资产比率 = 所有者权益总额÷资产总额

净资产比率与企业资金实力成正比，该比率过高，表示企业财务结构不合理，一般应控制在 50% 左右，反映企业的资金实力，但对于特大型企业，该参照范围应降低一些。

4）固定资产净值率 = 固定资产净值÷固定资产原值

该指标一般应控制在 75% 以下，反映企业固定资产的折旧程度和生产能力，对工业企业的生产能力评价有很重要的意义。

5）资本化比率 = 长期负债÷（长期负债+所有者权益）

该指标应控制在 20% 以下，主要反映企业需要偿还负债后长期营运资金的比重，该指标不宜过高。

除了以上指标外，还有许多指标都可以用来反映企业的经营状况，比如：存货周转率、资产负债比率、总资产周转率等。由于每个指标都是相关联的，不同的人对于资产负债表反映的财务状况和经营状况的侧重点不同，由于资产负债表所反映的财务信息并不全面，所以要全面地了解一个企业的财务及经营状况，还必须结合其他方面，进行综合分析。

三、利润表

（一）利润表的作用

利润表又称为损益表，是根据会计的配比原则，把一定会计期间的收入和成本费用配比，从而计算企业某个会计期间的利润指标，是反映企业一定会计期间经营成果的会计报表。利润表的作用：

（1）从总体上了解企业收入、成本、费用及净利润的实现及构成情况；

（2）通过不同时期的利润表分析企业的获利能力及利润的未来发展趋势；

（3）体现企业在某一会计期间的经营业绩，是企业进行利润分配的主要依据。

（二）利润表的格式

利润表大体分为表头、表身、表尾三部分，表头应标明单位名称、编制时间和计量单位；表身反映的是构成利润表的具体内容；表尾为补充说明部分。

利润表一般分为多步式利润表和单步式利润表两种。在我国，企业通常采用多步式利润表，格式如下：

利 润 表

会企02表

编制单位： ＿＿年＿＿月　　　　　　　　　　　　　　　　　单位：元

项　　目	本期金额	上期金额
一、营业收入		
减：营业成本		
营业税金及附加		
销售费用		
管理费用		
财务费用		
资产减值损失		
加：公允价值变动收益（损失以"-"填列）		
投资收益（损失以"-"填列）		

项　　目	本期金额	上期金额
其中：对联营企业和合营企业的投资收益		
二、营业利润（亏损以"－"填列）		
加：营业外收入		
减：营业外支出		
其中：非流动资产处置损失		
三、利润总额（亏损总额以"－"填列）		
减：所得税费用		
四、净利润（净亏损以"－"填列）		
五、每股收益		
（一）基本每股收益		
（二）稀释每股收益		

（三）利润表的编制方法

利润表中的各项目填列主要是根据损益类科目的发生额分析填列。

（1）营业收入：根据"主营业务收入"和"其他业务收入"科目的发生额填列，如果该科目的借方有销售退回的情况，应抵减本期的销售收入，按销售收入净额填列本项目。

注意：如果销售退回发生在资产负债表日至会计报表批准报出日之间，应调整报告年度的收入。

（2）营业成本：根据"主营业务成本"和"其他业务成本"科目的发生额填列。如果该科目的贷方有销售退回的情况，应抵减借方的发生额，按已经销售产品的实际成本填列本项目。

注意：如果销售退回发生在资产负债表日至会计报表批准报出日之间，应调整报告年度的成本。

（3）营业税金及附加：根据"营业税金及附加"科目的发生额分析填列。这里的税金不包括增值税，而只是指经营活动及投资性房地产相关的所有税费及附加。

（4）销售费用：根据"销售费用"科目的发生额分析填列，包括企业在销售商品和提供劳务的过程中发生的各种费用。

（5）管理费用：根据"管理费用"科目的发生额分析填列。

（6）财务费用：根据"财务费用"科目的发生额分析填列，包括利息支出、汇兑损益、手续费、现金折扣等。

（7）资产减值损失：根据"资产减值损失"科目的发生额分析填列，主要指企业计提各项资产减值准备所形成的损失。

（8）公允价值变动收益：根据"公允价值变动收益"科目的发生额分析填列，如为公允价值变动损失，则以"－"号填列。主要包括交易性金融资产、交易性金融负债、采用公允价值计量的投资等，公允价值形成的，应计入当期损益的利得或损失。

（9）投资收益：根据"投资收益"科目的发生额分析填列，如果为投资净损失，则以"－"号填列。

（10）营业利润：营业利润＝营业收入－与经营相关的成本费用＋经营投资活动产生的相关收益，如为亏损，则以"－"号填列。

（11）营业外收入：根据"营业外收入"科目的发生额分析填列。

（12）营业外支出：根据"营业外支出"科目的发生额分析填列。

（13）利润总额：利润总额＝营业利润＋营业外收入－营业外支出，如为亏损，则以"－"号填列。

（14）所得税：根据"所得税"科目的发生额分析填列。

（15）净利润：净利润＝利润总额－所得税，如为亏损，则以"－"号填列。

（四）利润表的财务分析

利润表反映的是企业在某会计期间的盈亏状况，是企业经营成果的集中反映。

在作利润表分析的时候，我们常用到下列几个公式：

主营业务利润＝主营业务收入－折扣折让－主营业务成本－主营业务税金及附加

一般而言，企业的主营业务收入应占企业总收入的70%以上。

营业利润＝主营业务利润＋其他业务利润－存货跌价损失－营业费用－管理费用－财务费用

利润总额＝营业利润＋投资收益＋补贴收入＋营业外收入－营业外支出

净利润＝利润总额－所得税

在正常情况下，企业的营业利润、投资收益、营业外收支都为正数，或者只有营业利润和投资收益为正数。当期收益为正数说明企业盈利能力比较稳定，经营状况良好。

如果营业利润和投资收益为正数，营业外支出为负数，并致使当期收益为负数，虽然企业的当期收益为负数，但这是营业外收支造成的，不构成企业的经常性利润，亏损只是暂时的，并不影响企业的盈利能力。

如果营业利润为负数，则说明企业的盈利状况很差，投资者应关注企业收益项目的稳定性，企业的财务状况不良，如果营业利润持续几个会计期间都为负数，则企业可能会破产。

四、现金流量表

（一）现金流量表的含义

现金流量表是反映企业在某一会计期间现金及现金等价物流入和流出的报表。

现金是指库存现金以及可以随时用于支付结算的存款，具体包括库存现金、银行存款以及其他货币资金。如果企业存在不能随时用于支付的存款，则不属于现金。

现金等价物是指一个企业所持有的风险小、期限短、流动性强、易于转换为现金的各项投资，如三个月内到期的债券投资。而权益性投资由于变现金额不确定，所以不属于现金等价物。企业可以根据本企业的具体情况确定现金等价物，一经确定，不可随意更改。

（二）现金流量的种类

现金流量表主要分为以下几大部分：

1. 经营活动产生的现金流量

这里所说的经营活动，是指企业的投资和筹资活动以外的所有交易。主要包括购买销售商品或接受提供劳务、支付工资和交纳税款等交易事项中流入和流出的现金和现金等价物。

2. 投资活动产生的现金流量

这里所说的投资活动，是指企业长期资产的构建和除现金等价物范围之外的投资及其处置活动。主要包括构建固定资产、处置子公司及其他营业单位流入和流出的现金和现金等价物。

3.筹资活动产生的现金流量

筹资活动，是指使企业资本及债务规模和构成发生变化的活动。主要包括吸收投资，发行股票债券，分配利润，偿还债务时流入和流出的现金和现金等价物。

需要注意的是偿付应付账款、应付票据等应付款项属于经营活动，而不是筹资活动。

（三）现金流量表的格式

在我国，现金流量表通常采用的是报告式结构，分三类反映企业在经营、投资、筹资活动三个阶段产生的现金流量，最后汇总反映企业在某一会计期间现金及其等价物的净增加额。

我国现金流量表的格式如下：

现金流量表

会企 03 表

编制单位：　　　　　　　　　　年　　月　　　　　　　　　　单位：元

项　目	本期金额	上期金额
一、经营活动产生的现金流量：		
销售商品、提供劳务收到的现金		
收到的税费返还		
收到其他与经营活动有关的现金		
经营活动现金流入小计		
购买商品、接受劳务支付的现金		
支付给职工以及为职工支付的现金		
支付的各项税费		
支付其他与经营活动有关的现金		
经营活动现金流出小计		
经营活动产生的现金流量净额		
二、投资活动产生的现金流量：		
收回投资收到的现金		

项　　目	本期金额	上期金额
取得投资收益收到的现金		
处置固定资产、无形资产和其他长期资产收回的现金净额		
处置子公司及其他营业单位收到的现金净额		
收到其他与投资活动有关的现金		
投资活动现金流入小计		
购建固定资产、无形资产和其他长期资产支付的现金		
投资支付的现金		
取得子公司及其他营业单位支付的现金净额		
支付其他与投资活动有关的现金		
投资活动现金流出小计		
投资活动产生的现金流量净额		
三、筹资活动产生的现金流量：		
吸收投资收到的现金		
取得借款收到的现金		
收到其他与筹资活动有关的现金		
筹资活动现金流入小计		
偿还债务支付的现金		
分配股利、利润或偿付利息支付的现金		
支付其他与筹资活动有关的现金		
筹资活动现金流出小计		
筹资活动产生的现金流量净额		
四、汇率变动对现金及现金等价物的影响		
五、现金及现金等价物净增加额		
加：期初现金及现金等价物余额		
六、期末现金及现金等价物余额		

（四）现金流量表的编制

现金流量表的编制分为直接法和间接法，在我国，现金流量表使用直接法编制。下面来做具体说明：

1. 经营活动产生的现金流量

（1）现金流入。

1）销售商品、提供劳务收到的现金。可以根据主营业务收入、其他业务收入、应收账款、应收票据、预收账款、现金、银行存款科目本期借方发生额填列。

公式：现金流入金额＝主营业务收入＋销项税额＋其他业务收入＋应收账款（期初－期末）＋应收票据（期初－期末）＋预收账款（期末－期初）－当期计提的坏账准备－票据贴现利息

2）收到的税费返还。返还税费包括返还的增值税、消费税、营业税、关税、所得税、教育费附加，可以根据营业税金及附加、补贴收入、应收补贴款、现金、银行存款等科目的发生额进行填列。

3）收到其他与经营活动有关的现金。这个项目包括罚款收入、个人赔偿、经营租赁收入等，可以依据营业外收入、其他业务收入、现金、银行存款的借方发生额填列。

（2）现金流出。

1）购买商品、接受劳务支付的现金。可以根据主营业务成本、存货、应付账款、应付票据、预付账款的本期贷方发生额填列。

公式：现金流出金额＝主营业务成本＋进项税金＋其他业务支出（不含租金）＋存货（期末－期初）＋应付账款（期初－期末）＋应付票据（期初－期末）＋预付账款（期末－期初）＋存货损耗＋工程领用、投资、赞助的存货－收到非现金抵债的存货－成本中非物料消耗（人工、水电、折旧）－接受投资、捐赠的存货－视同购货的进项税＋支付的补价

2）支付给职工以及为职工支付的现金。可以根据应付职工薪酬、现金、银行存款等科目本期发生额填列。

公式：支付给职工以及为职工支付的现金金额＝成本、制造费用管理费用职工薪酬费用＋应付职工薪酬减少（期初－期末）

3）支付的各项税费。包括本期实际缴纳的增值税、消费税、营业税、所得税、教育费附加等。可以根据应交税费、管理费用（印花税）、现金、银行存款等科目填列。

公式：支付的各项税费＝所得税＋主营业务税金及附加＋已交增值税等

4）支付其他与经营活动有关的现金。包括罚款支出、差旅费、业务招待费、保险支出、经营租赁支出等。可以根据制造费用、营业费用、管理费用、

营业外支出科目的本期发生额填列。

2. 投资活动产生的现金流量

（1）现金流入。

1）收回投资收到的现金。内容包括交易性金融资产、可供出售金融资产、长期股权投资、持有至到期投资（注：不包括债权性投资中所产生的利息）。可以根据交易性金融资产、可供出售金融资产、长期股权投资、持有至到期投资、现金、银行存款等科目的本期发生额填列。

2）取得投资收益收到的现金：包括企业因各种投资而分得的现金股利、利润、利息等。

3）处置固定资产、无形资产和其他长期资产而收到的现金净额：根据企业处置固定资产、无形资产和其他长期资产取得现金，减去为处置这些资产而支付的有关费用之后的净额填列。要注意的是由于自然灾害所造成的资产损失、保险公司赔付的收入也在本项目反映。

4）收到的其他与投资活动有关的现金：反映除了上述各项目外，收到的其他与投资活动有关的现金流入，其他现金流入如金额较大，应单独列示反映。

（2）现金流出。

1）构建固定资产、无形资产和其他长期资产所支付的现金：根据企业购买、建造固定资产，取得无形资产和其他长期资产所支付的现金，减去为构建固定资产发生的借款利息、租赁费之后的金额填列。需要注意的是企业以分期付款的方式构建的固定资产，首次支付的现金应作为投资活动产生的现金流出，以后各期支付的现金作为筹资活动的现金流出。

2）投资所支付的现金：包括企业取得的除现金等价物以外的交易性金融资产、可供出售金融资产、长期股权投资、持有至到期投资支付的现金以及支付的佣金、手续费等附加的费用。

3）支付的其他与投资活动有关的现金：反映企业支付的其他与投资活动有关的现金流出。如果价值较大，应单独列示反映。

3. 筹资活动产生的现金流量

（1）现金流入。

1）吸收投资所收到的现金：反映企业投资者投入的现金；

2）借款所收到的现金：反映企业举借各种短期、长期借款所收到的现金；

3）收到的其他与筹资活动有关的现金：反映企业除以上项目以外，收到的其他与筹资活动有关的现金流入。

（2）现金流出。

1）偿还债务所支付的现金：包括偿还借款的本金、债券的本金等；

2）分配股利、利润和偿付利息所支付的现金：反映企业实际支付的现金股利、利润及利息；

3）支付其他与筹资活动有关的现金：反映上述项目之外支付的其他与筹资活动有关的现金流出。

4. 汇率变动对现金的影响额

指现金流量发生日根据汇率折算的人民币金额与外币现金净增加额按期末汇率折算的人民币金额之间的差额。

小知识：实务中最实用的现金流量表编制方法——直接标记法

在现有的教材中，介绍现金流量表的编制方法主要是工作底稿法，还有T形账户法、公式法等。但这些方法运用起来往往比较麻烦，而且对于初学者来说又相当晦涩难懂。这里介绍一种中小型企业编制现金流量表比较实用的直接标记法。

现金流量表中把一个企业的现金流量分为经营活动、投资活动和筹资活动三个方面，而每项活动都会引起现金流入量和流出量，两者的差额称为净流量。现金流量表中把这些现金流入流出细分为22个项目，其中：经营活动现金流入3项，流出4项；投资活动现金流入5项，流出4项；筹资活动现金流入3项，流出3项。

现金流量表编制的理论依据是公式：

现金净流量（现金净增加额）＝经营活动现金净流量＋投资活动现金净流量＋筹资活动现金净流量

直接标记法就是在日常的账务处理中，直接找出来每笔会计分录所涉及的现金流量项目和金额，标记在相应项目后面，不涉及现金流量的会计分录则不用标记。这样到了期末，只要把标记在每个项目上的金额汇总起来填入现金流量表中，编制现金流量表的任务就完成了。

下面举例说明直接标记法的具体做法：

例1：销售产品一批，销售价款为1400000元，应收的增值税额为238000元，销售产品的实际成本为840000元，货款已通过银行收妥。

会计分录为：

借：银行存款   1638000

  贷：主营业务收入   1400000

    应交税费——应交增值税（销项税额） 238000

分析：该笔业务导致经营活动现金流入，故在"销售商品、提供劳务收到的现金"项目中标记1638000元。

例2：计提固定资产折旧200000元，其中计入制造费用160000元；计入管理费用40000元。

会计分录为：

借：制造费用——折旧费   160000

  管理费用——折旧费   40000

  贷：累计折旧   200000

分析：该笔业务没有导致现金流量发生变化，故不做标记。

注：在第七天真账实做中再来举例介绍完整的直接标记法的运用。

（五）现金流量表编制结果的检查

现金流量表的审计关键是对以下两方面内容的审查：

1. 对被审企业基本情况的审查

进行现金流量表审计之前，应对企业有关基础工作和内部控制的健全性进行检验，它可使审计人员对企业的会计人员素质及会计核算情况有一个概括性的了解，进而判断现金流量表的可信赖程度，确定审计工作的重点。笔者认为可从以下几个方面着手：

（1）注意查阅以前年度现金流量表的审计情况，审阅以前年度的现金流量表审计中是否存在重大问题，调阅前任注册会计师的审计工作底稿，了解以前年度现金流量表审计中存在的问题，再结合对被审计单位以下两个方面的了解，就可大致确定出审计工作的重点。

（2）关注管理当局的态度，了解企业会计人员的素质，通过与企业管理当局和相关人员交谈，推断企业是否存在因财务状况不佳而不得不作假、粉饰现金流量表的可能。通过询问会计人员有关方面问题，了解企业会计人员的素质，了解负责编制现金流量表的人员是否精通现金流量表的有关原理和规定。如果企业的财务状况良好，企业财务人员专业水平较高，企业现金流量表就比较值得信赖。相反，针对现金流量表编制过程中可能存在的问题，需进行仔细审查。

（3）审查现金流量表编制的基础工作，查看企业是否为编制现金流量表而进行了日常准备，如应收账款是否应编制现金流量表的要求，设置了"货款"和"增值税"两个明细科目；现金、银行存款日记账登记是否清晰，摘要及对方科目是否填写清楚；现金流量表所涉及的其他资料的登记是否清晰、完整。这些基础工作对于现金流量表的编制是非常重要的，如果这些工作不完善，将给现金流量表的编制带来很大的困难。

2. 对现金流量表的具体审查

确定了审计重点后，下面从形式、内容、准确性几个方面谈谈对现金流量表的具体审计。

（1）审查企业现金流量表的格式、结构、列示方式等是否正确。我国会计准则规定，企业必须用直接法编制现金流量表，并在附注中提供按间接法将净利润调整为经营活动产生的净现金流量信息。因此，任何企业都必须先采用直接法编制主表，按各主表中项目反映经营活动各类现金流量总额，再在附注中披露间接法下的调整信息。对于格式、结构，由于我国会计准则中已有规范列示，因而不会有太大问题。应当注意的是，会计准则规定各项目都应以总额的方式列示。因为，一般情况下，现金流量的总额信息才能真正反映企业经济活动的本来面貌、全面反映现金流量的规模和构成。因此，在审计现金流量表时，要注意对列示方式的审查，查实企业是否以现金流量总额的方式列示，防止以收抵支，按现金流入和流出相抵后的净额反映。当然对一些周转快、金额大、期限短的项目，按总额反映的意义并不大，按净额反映更为合理。比如代客户收取或支付的款项、证券公司代收的客户证券买卖交割资金和印花税、银行发放的短期贷款和吸收的活期存款等对于金融企业应以净额列示的项目准则中也有明确规定。

（2）对现金及现金等价物内容的审查是现金流量表审计中应予重点审查的内容，因为现金及现金等价物是编制现金流量表的基础，它的确认标准是否合理，从根本上影响了现金流量表信息的相关性和真实性。对该问题的审查主要包括以下三个层次：

第一，审查该企业作为编制现金流量表基础的现金及现金等价物的组成内容中，是否都符合准则中规定的现金及现金等价物的标准，具有直接的支付能力。

对于现金及现金等价物的确认标准，在《企业会计准则——现金流量表》中已有明确规定。具体到每一个企业应就现金等价物的确认标准，做出明确规定，并在报表附注中加以披露。因此，审计人员应详细考查和分析被审企业现金及现金等价物的确认政策，审核其合理、合法性。对于现金及现金等价物内容的审查，关键是看其中是否包含了不属于现金及现金等价物的有关项目，如以下项目：

1）不能支取的定期存款，不能列为现金而应列为投资。但提前通知金融企业便可支取的定期存款、定活两便存款及存款期在 3 个月以下的存款可视为现金。

2）已冻结存款。企业不能对已冻结存款进行自由支配，不具有现金的特点，因此不属于现金及现金等价物的范围。

3）专项基金存款。虽然，自 1993 年会计改革以来，已基本取消了专项基金存款，但随着货币化住房改革的推行，企业存款中的住房公积金存款也具有专款专用的性质，企业不能自由支配，因此，该种存款不属于现金及现金等价物的内容。

关于现金及现金等价物的界定，是现金流量表审计中的一个重点内容，同时也是审计工作的难点。审查企业所规定的现金的内容时，不仅要考虑其是否符合会计准则的标准，而且要考虑其是否与企业的经营性质相符。例如：对于主要以短期流动投资为主的投资企业，可将所有项目都视为投资，而不是现金等价物。而对非专营投资的企业，则可视为现金等价物。

第二，审查企业编制现金流量表的基础是否与其在附注中所披露的现金及现金等价物政策所包含的内容一致。

第三，审计人员还应关注现金等价物的确认标准的一贯性，审查其前后年度是否保持一致。现金等价物确认标准的改变被视为会计政策的变更，应在报表附注中予以披露，并应揭示这种改变对现金流量的影响程度。

（3）注意审查现金流量表的内容是否全面。现金流量表内容除包括表中的经营活动、投资活动、筹资活动产生的现金流量、汇率变动对现金的净影响额、现金及现金等价物的净增加额几个项目信息必须列示以外，附注中还要列示采用间接法将净利润调整为经营活动现金流量的信息、不涉及当期现金收支但影响企业的财务状况或可能在未来影响企业现金流量的重大投资、筹资活动。例如：企业以承担债务形式购置资产、以长期投资偿还债务等。因为这些投资和筹资活动不涉及现金收支，但会对以后各期的现金流量产生重大影响。因此这类信息的披露，对信息使用者而言也非常重要。

（4）审查现金流量表编制的准确性可从以下几个方面考查：

1）对几个重要勾稽关系的验证。

现金流量表中现金及现金等价物净增加额＝资产负债表中现金及现金等价物的期末与期初余额之差；

主表中经营活动产生的净现金流量＝附注中间接法下以净利润为起点调整出的经营活动净现金流量；

经营活动产生的净现金流量＋投资活动产生的净现金流量＋筹资活动净现金流量＋汇率变动对现金流量的影响＝现金及现金等价物增加净额。

如果经验证，确定以上几个勾稽关系是正确的，则可基本认定现金流量表编制的正确性。

2）对现金流量表中的重要项目进行抽查验算。完成了对重要勾稽关系的验证，还需对一些重要的具体项目进行抽查验算，以进一步确认现金流量表编制的准确性。比如通过对"销售商品、提供劳务收到的现金"、"购买商品、接受劳务支付的现金"等重要项目的验算，如果结果与现金流量表中数据一致，是正确的，则可进一步认定现金流量表编制的重要方面没有错误。

3）对一些容易出问题的项目的审查和验算。重点审查现金流量表中"其他"项目的内容。审查被审企业是否以倒轧数填列。实践中一些企业在编制现金流量表过程中，往往在勾稽关系不符时，便将倒轧数记入"其他"栏内，以求得勾稽关系的平衡，而不是根据实际的业务内容来分析填列，因此，应对该栏所包括的内容及其数值的大小进行重点审查。

至于对报表附注中，以间接法反映的经营活动现金流量信息的审查，可将予以调整的各个项目与损益表或有关账簿资料相核对，如果核对的结果相符，附注中调整出的最终结果，即现金流量净增加额与直接法下计算出的现金流量净增加额相等则可基本认定该部分信息的正确性。

（六）现金流量表的分析

在实际工作中，现金流量表的分析工作是最容易被忽视的，从而使现金流量表不能充分发挥其作用。

对现金流量表的分析，主要着重于以下几个方面：

对于每一个企业而言，由于每种活动产生的现金净流量各不相同，从而使现金流量的结果不同，会对企业的财务状况产生影响。一般而言，可以从以下几方面进行分析：

（1）经营活动现金流入量<流出量

投资活动现金流入量>流出量

筹资活动现金流入量>流出量

这时，说明企业经营活动现金流入不足，主要靠借贷维持经营，如果投资活动的现金流入是依靠收回投资或处置长期资产所得，则该企业的财务状况转为严峻。

（2）经营活动现金流入量<流出量

投资活动现金流入量<流出量

筹资活动现金流入量>流出量

这时，企业经营活动和投资活动均不能产生足够的现金流入，各项活动完全依赖借债维系，一旦举债困难，财务状况十分危险。

（3）经营活动现金流入量<流出量

投资活动现金流入量>流出量

筹资活动现金流入量<流出量

这时，表示企业经营活动产生的现金流入量不足，筹资困难，日常运营主要以收回投资或处置资产维持，财务状况陷入困境。

（4）经营活动现金流入量<流出量

投资活动现金流入量<流出量

筹资活动现金流入量<流出量

这时，企业处于瘫痪状态，面临破产的危险。

（5）经营活动现金流入量>流出量

投资活动现金流入量>流出量

筹资活动现金流入量>流出量

这时，企业财务状况良好。

（6）经营活动现金流入量>流出量

投资活动现金流入量<流出量

筹资活动现金流入量>流出量

这时，说明企业财务状况较稳定，可以适度地投资。

（7）经营活动现金流入量>流出量

投资活动现金流入量>流出量

筹资活动现金流入量<流出量

这时，说明企业有大量债务到期，需要现金偿还。如果净流入量大于净流出量，则说明财务状况稳定；反之则说明财务状况不佳。

（8）经营活动现金流入量>流出量

投资活动现金流入量<流出量

筹资活动现金流入量<流出量

这时，说明企业主要依靠经营活动的现金流入主营，一旦经营陷入危机，财务状况将恶化。

五、所有者权益变动表

（一）所有者权益变动表的作用

所有者权益变动表是反映构成所有者权益的各组成部分当期增减变动情况的财务报表。

所有者权益变动表的作用在于全面反映一定会计期间所有者权益的变动情况，主要是让报表的使用者了解所有者权益的变动根源。

（二）所有者权益变动表的格式

与上述会计报表格式相同，所有者权益变动表也是由表头、表身和表尾部分组成。表头应列示报表名称、编报单位、编制时间及计量单位；表身部分反映所有者权益具体情况；表尾为补充说明。所有者权益变动表的具体格式如下：

所有者权益变动表

会企04表

单位：元

编制单位：　　　　　　　　　　　　　　　　____年度

项　　目	本年金额						上年金额					
	实收资本（或股本）	资本公积	减：库存股	盈余公积	未分配利润	所有者权益合计	实收资本（或股本）	资本公积	减：库存股	盈余公积	未分配利润	所有者权益合计
一、上年年末余额												
加：会计政策变更												
前期差错更正												
二、本年年初余额												
三、本年增减变动金额（减少以"-"号填列）												
（一）净利润												
（二）直接计入所有者权益的利得和损失												
1. 可供出售金融资产公允价值变动净额												
2. 权益法下被投资单位其他所有者权益变动的影响												
3. 与计入所有者权益项目相关的所得税影响												
4. 其他												
上述（一）和（二）小计												

续表

项　　目	本年金额						上年金额					
	实收资本（或股本）	资本公积	减：库存股	盈余公积	未分配利润	所有者权益合计	实收资本（或股本）	资本公积	减：库存股	盈余公积	未分配利润	所有者权益合计
（三）所有者投入资本												
1. 所有者本期投入资本												
2. 股份支付计入所有者权益的金额												
3. 其他												
（四）利润分配												
1. 提取盈余公积												
2. 对所有者（或股东）的分配												
3. 其他												
（五）所有者权益内部结转												
1. 资本公积转增资本（或股本）												
2. 盈余公积转增资本（或股本）												
3. 盈余公积弥补亏损												
4. 其他												
四、本年末余额												

（三） 所有者权益变动表的编制方法

按相关项目，把当期损益直接计入所有者权益的利得和损失及所有者权益的变动，分别列示。

应单独列示的项目为：净利润、盈余公积、因会计政策变更和差错更正的累计金额、实收资本、未分配利润等。

六、会计报表附注

（一） 会计报表附注的内容

会计报表附注是为了便于会计报表使用者理解会计报表的内容而对会计报表的编制基础、编制依据、编制原则和方法及主要项目等所做的解释。

一般地，会计报表附注至少应当包括下列内容：

（1） 不符合会计假设的说明；

（2） 重要会计政策和会计估计及其变更情况、变更原因及其对财务状况和经营成果的影响；

（3） 或有事项和资产负债表日后事项的说明；

（4） 关联方关系及其交易的说明；

（5） 重要资产转让及其出售说明；

（6） 企业合并、分立的说明；

（7） 重大投资、融资活动；

（8） 会计报表中重要项目的说明有助于理解和分析会计报表需要说明的其他事项。

（二） 重要会计估计的说明

企业应当披露会计估计中所采用的关键假设和不确定因素的确定依据，这些关键假设和不确定因素在下一会计期间内很可能导致资产、负债账面价值进行重大调整。在确定报表中确认的资产和负债的账面金额过程中，企业有时需要对不确定的未来事项在资产负债表日对这些资产和负债的影响加以估计。例如，固定资产可收回金额的计算需要根据其公允价值减去处置费用后的净额与预计未来现金流量的现值两者之间的较高者确定，在计算资产预计未来现金流量的现值时需要对未来现金流量进行预测，并选择适当的折现率。应当在附注中披露未来现金流量预测所采用的假设及其依据、所选择的折现率为什么是合理的等。这些假设的变动对这些资产和负债项目金额的确定影响很大，有可能会在下一个会计年度内做出重大调整。因此，强调这一披露要求，有助于提高财务报表的可理解性。

（三）会计政策和会计估计变更以及差错更正的说明

企业应当按照《企业会计准则第 28 号——会计政策、会计估计变更和差错更正》及其应用指南的规定，披露会计政策和会计估计变更以及差错更正的有关情况。

（四）重要报表项目的说明

企业应当以文字和数字描述相结合、尽可能以列表形式披露重要报表项目的构成或当期增减变动情况，并与报表项目相互参照。在披露顺序上，一般应当按照资产负债表、利润表、现金流量表、所有者权益变动表的顺序及其报表项目列示的顺序。

（五）其他需要说明的重要事项

这主要包括或有和承诺事项、资产负债表日后非调整事项、关联方关系及其交易等。

小知识：虚假会计报表常见的形式

（一）表表不符

有关会计制度的规定，单位对外提供的报表之间必须存在一定的勾稽关系。

如资产负债表中的未分配利润应与利润分配表中的未分配利润相等。

单位表表不符的现象在审计工作中是常见的。如某企业近年来未进行任何长、短期的投资，但在损益表中"投资收益"项目中却记了 45 万元，经检查发现企业投资收益来源于一笔其他业务，企业为了逃避营业税，而将其他收入列入投资收益，造成表表不符。

（二）虚报盈亏

单位为了达到目的，随意调整报表金额，人为地加大资产、调整利润；或为了逃税，加大成本费用，减小利润。虚假的会计报表传递了虚假的会计信息，误导与欺骗了报表使用者，使其做出错误的决策。

如某公司，成立时，注册资本与实收资本均为100万元，但至20××年，注册资本和实收资本增至5000万元，经查，因为某会计师事务所为获取高额审计费而出具了虚假审计报告，短短几年，企业就凭着假报表和假报告套取银行贷款达4000多万元。

（三）表账不符

会计报表是根据会计账簿分析填列的，数据直接或间接来源于会计账簿所记录的数据，因此，表账必须相符。在审计过程经常发现表账不相符的情况。

如某单位为了增大管理费用，直接在损益表中多记管理费用15万元，在资产负债表中同时增大应收账款和坏账准备金额，造成表账不符。

（四）报表附注不真实

会计报表附注是会计报表的补充，包括会计报表各项目的增减变动以及或有某项或资产负债表日后事项中的不可调整事项的说明、关联方关系及交易的说明等。有些单位在会计核算中已改变了某些会计政策，在报表附注中不作说明；虽不影响报表金额，但对该单位的一些经营活动及前途有极大影响的事项不做说明，欺骗报表使用者。

（五）编制合并报表时弄虚作假

根据我国《合并会计报表暂行规定》：凡是能够为母公司所控制的被投资企业都属于其合并范围，即所有的子公司都应当被纳入合并会计报表的合并范围。

如某企业在编制合并报表时，与下属子公司的内部销售收入未做抵消，而只是简单地相加，造成虚增销售、信息失真的严重后果，从而使会计信息失去真正的参考价值。

第四天　记账方法

前面三天我们学习了会计信息的三大载体。会计凭证是输入信息的载体，会计账簿是加工信息的载体，会计报表是输出信息的载体。信息在三大载体之间转换的关键便是从凭证到账簿，而完成这点的核心就是记账。通过记账来记录、反映企业的经营情况，可以给企业的经营者提供可靠的、有据可查的信息和资料。所以，这一日的学习是后面几日学习的基础，与今后的工作相辅相成，是不可或缺的一个重要知识点，它将让我们了解会计学中讲的"借"、"贷"到底是指什么，以及了解怎样将经济业务记录到账户中。第四天主要掌握会计记账的基础知识。

一、会计科目

（一）会计科目的分类

会计科目是指对会计要素的具体内容进行分类核算的项目。会计要素的六个项目（资产、负债、所有者权益、收入、费用、利润）相对于日常经济业务的划分显得过于粗略了，为了满足企业日常经济业务的需要，使会计核算更加明晰、准确，我们把每一个会计要素又划分为不同的会计科目，具体分为：

1. 会计科目按照提供信息的详细程度及其主次关系可以分为总分类科目和明细分类科目

总分类科目是对会计要素的信息进行总括，如"应收账款"、"原材料"、"应付账款"等。明细分类科目是对总分类科目进一步的细分，如"原材料"可以按照类别、品种等设置明细科目，以反映各种原料的具体情况；"应收账款"可以按债务人的名称设置明细科目，反映应收账款所对应的具体对象。如遇明细科目较多的总账科目，则可以设置多级科目来反映。

2. 会计科目按照所属的会计要素不同，分为资产类、负债类、所有者权益类、成本类、损益类五种

资产类指用于核算资产增减会计信息的会计科目。

负债类指用于核算负债增减会计信息的会计科目。

所有者权益类指用于核算所有者权益增减会计信息的会计科目。

成本类指用于核算成本发生情况的会计信息的会计科目，实质上也可归为资产类科目。

损益类指用于核算收入、费用发生情况的会计信息的会计科目。

（二）会计科目的设置

会计科目在设置的过程中应该做到科学、合理、适用，为企业经营提供可靠的信息。会计科目的设置应该遵循合法性、相关性、实用性的原则，不得违反会计准则的规定。

我国现行的《企业会计制度》规定的会计科目如下表所示：

会 计 科 目 表

1001	库存现金	库存现金是指企业持有可随时用于支付的现金限额，存放在企业财会部门，由出纳人员经管的现金，包括人民币现金和外币现金，与会计核算中"现金"科目所包括的内容一致。 本科目期末借方余额，反映企业持有的库存现金。

续表

1002	银行存款	银行存款是企业存入银行或其他金融机构的货币资金。企业根据业务需要，在其所在地银行开设账户，运用所开设的账户，进行存、取款以及各种收支转账业务的结算。 正确开立和使用银行账户是做好资金结算工作的基础，企业只有在银行开立了存款账户，才能通过银行同其他单位进行结算，办理资金的收付。企业应按规定在银行开设和使用存款账户。 《银行账户管理办法》将企事业单位的存款账户分为四类，即基本存款账户、一般存款账户、临时存款账户和专用存款账户。 一般企事业单位只能选择一家银行的一个营业机构开立一个基本存款账户，主要用于办理日常的转账结算和现金收付。企事业单位的工资、资金等现金的支取，只有通过该账户才能办理。企事业单位可在其他银行的一个营业机构开立一个一般存款账户，该账户可办理转账结算和存入现金，但不能支取现金。临时存款账户是存款人因临时经营活动需要开立的账户，如企业异地产品展销、临时性采购资金等。专用存款账户是企事业单位因特定用途需要开立的账户，如基本建设项目专项资金、农副产品资金等，企事业单位的销售货款不得转入专用存款账户。 为了加强对基本存款账户的管理，企事业单位开立基本存款账户，要实行开户许可制度，必须凭中国人民银行当地分支机构核发的开户许可证办理，企事业单位不得为还贷、还债和套取现金而多头开立基本存款账户；不得出租、出借账户；不得违反规定在异地存款和贷款而开立账户。任何单位和个人不得将单位的资金以个人名义开立账户存储。
1003	存放中央银行款项	存放中央银行款项是指各金融企业在中央银行开户而存入的用于支付清算、调拨款项、提取及缴存现金、往来资金结算以及按吸收存款的一定比例缴存于中央银行的款项和其他需要缴存的款项。存放中央银行的各种款项应根据性质进行明细核算。 本科目期末借方余额，反映企业存放中央银行的款项余额。
1011	存放同业	存放同业是指金融同业将非清算用途的资金短期存于存款类金融机构的市场行为。 本科目期末借方余额，反映企业（银行）存放在同业的各种款项。
1012	其他货币资金	其他货币资金是指企业除现金、银行存款以外的其他各种货币资金。即：存放地点和用途均与现金和银行存款不同的货币资金。 在资产负债表中并入货币资金项目中，包括外埠存款、银行汇票存款、银行本票存款、信用证存款和在途货币资金。外埠存款是企业因零星采购商品而汇往采购地银行采购专户的款项；银行汇票存款是企业为取得银行汇票按照规定存入银行的款项；银行本票存款是企业为取得银行本票按照规定存入银行的款项；信用证存款是企业存入银行作为信用证保证金专户的款项；在途货币资金是企业与其所属单位或上级的汇解款项。 本科目期末借方余额，反映企业持有的其他货币资金。

1021	结算备付金	结算备付金是证监会和银监会首次提出的概念。结算备付金的定义并没有明确给出，但对缴纳数额做出了规定。 结算备付金是指结算参与人根据规定，存放在其资金交收账户中用于证券交易及非交易结算的资金。资金交收账户即结算备付金账户。
1031	存出保证金	存出保证金，是指金融企业按规定交存的保证金，包括交易保证金、存出分保准备金、存出理赔保证金、存出共同海损保证金、存出其他保证金等。存出保证金应按实际存出的金额入账。 本科目期末借方余额，反映企业存出或交纳的各种保证金余额。
1101	交易性金融资产	交易性金融资产是指企业为了近期内出售而持有的金融资产。通常情况下，以赚取差价为目的从二级市场购入的股票、债券和基金等，应分类为交易性金融资产，故长期股权投资不会被分类转入交易性金融资产及其直接指定为以公允价值计量且其变动计入当期损益的金融资产进行核算。一旦确认为交易性金融资产及其直接指定为以公允价值计量且其变动计入当期损益的金融资产后，不得转为其他类别的金融资产进行核算。 交易性金融资产是2007年新增加的科目，主要为了适应现在的股票、债券、基金等出现的市场交易，取代了原来的短期投资，与之类似，又有不同。 本科目期末借方余额，反映企业交易性金融资产的公允价值。
1111	买入返售金融资产	买入返售金融资产是指公司按返售协议约定先买入再按固定价格返售的证券等金融资产所融出的资金。 公司根据返售协议买入金融资产时，应按实际支付的款项作为初始确认金额。 资产负债表日，按照计算确定的买入返售金融资产的利息收入，确认为应收利息，同时计入利息收入。返售日，应按实际收到的金额与买入返售金融资产和应收利息账面余额的差额计入利息收入。 因取得证券等资产（除交易性金融资产）发生的交易费用，均应计入取得资产的初始确认金额。 本科目期末借方余额，反映企业买入的尚未到期返售金融资产余额。
1121	应收票据	应收票据是指企业持有的还没有到期、尚未兑现的票据。应收票据是企业未来收取货款的权利，这种权利和将来应收取的货款金额以书面文件形式约定下来，它受到法律的保护，具有法律上的约束力，是一种债权凭证。 根据我国现行法律的规定，商业汇票的期限不得超过6个月，因而我国的商业汇票是一种流动资产。 在我国，应收票据、应付票据通常是指"商业汇票"，包括"银行承兑汇票"和"商业承兑汇票"两种，是远期票据，付款期一般在1个月以上，6个月以内。其他的银行票据（支票、本票、汇票）等，都是作为货币资金来核算的，而不作为应收应付票据。

1122	应收账款	该账户核算企业因销售商品、材料、提供劳务等，而向购货单位收取的款项，以及代垫运杂费和承兑到期而未能收到款的商业承兑汇票结算情况的账户。 应收账款在会计原理上，专指因出售商品或劳务，进而对顾客所发生的债权，且该债权尚未接受任何形式的书面承诺。 本账户按不同的购货或接受劳务的单位设置明细账户进行核算。
1123	预付账款	"预付账款"账户用于核算企业按照购货合同规定预付给供应单位的款项。 在"预付账款"账户下，应按供应单位设置明细账。
1131	应收股利	应收股利是指企业因股权投资而应收取的现金股利以及应收其他单位的利润，包括企业购入股票实际支付的款项中所包括的已宣告发放但尚未领取的现金股利和企业因对外投资应分得的现金股利或利润等，但不包括应收的股票股利。 本科目期末借方余额，反映企业尚未收回的现金股利或利润。
1132	应收利息	本科目核算企业发放贷款、持有至到期投资、可供出售金融资产、存放中央银行款项等应收取的利息。 本科目期末借方余额，反映企业尚未收回的利息。
1201	应收代位追偿款	应收代位追偿款是用于核算企业（保险）按照原保险合同约定承担赔付保险金责任确认的应收代位追偿款。 本科目应当按照对方单位（或个人）进行明细核算。 本科目期末借方余额，反映企业已确认但尚未收回的应收代位追偿款。
1211	应收分保账款	应收分保账款是指公司开展分保业务而发生的各种应收款项。 本科目期末借方余额，反映企业从事再保险业务应收取的款项。
1212	应收分保合同准备金	应收分保合同准备金是用于核算企业（再保险分出人）从事再保险业务确认的应收分保未到期责任准备金，以及应向再保险接受人摊回的保险责任准备金。 企业（再保险分出人）可以单独设置"应收分保未到期责任准备金"、"应收分保未决赔款准备金"、"应收分保寿险责任准备金"、"应收分保长期健康险责任准备金"等科目。 本科目可按再保险接受人和再保险合同进行明细核算。 本科目期末借方余额，反映企业从事再保险业务确认的应收分保合同准备金余额。

1221	其他应收款	其他应收款是企业应收款项的另一重要组成部分。是企业除应收票据、应收账款和预付账款以外的各种应收暂付款项。 其他应收款通常包括暂付款，是指企业在商品交易业务以外发生的各种应收、暂付款项。 其他应收、暂付款主要包括： 1. 应收的各种赔款、罚款； 2. 应收出租包装物租金； 3. 应向职工收取的各种垫付款项； 4. 备用金（向企业各职能科室、车间等拨出的备用金）； 5. 存出保证金，如租入包装物支付的押金； 6. 预付账款转入； 7. 购买股票后应收的包括在股票价格中的已宣告发放的股利； 8. 其他各种应收、暂付款项。
1231	坏账准备	坏账准备是指对应收账款预提的，对不能收回的应收账款用来抵消，是应收账款的备抵账户。 商业信用的高度发展是市场经济的重要特征之一。商业信用的发展在为企业带来销售收入增加的同时，不可避免地导致坏账的发生。 坏账是指企业无法收回或收回的可能性极小的应收账款。 坏账损失是由于发生坏账而产生的损失。 1. 因债务人破产或者死亡，以其破产财产或者遗产清偿后，仍然不能收回的应收账款； 2. 因债务人逾期未履行其偿债义务（一般超过3年）且具有明显特征表明无法收回或收回的可能性极小的应收账款。
1301	贴现资产	贴现资产是用于核算企业（银行）办理商业票据的贴现、转贴现融出资金等业务的款项。 企业（银行）买入的即期外币票据，也通过本科目核算。 企业（金融）通过买入返售方式办理的票据业务，在"买入返售金融资产"科目核算，不在本科目核算。 本科目应当按照贴现类别和贴现申请人进行明细核算。 本科目期末借方余额，反映企业办理的贴现、转贴现融出资金等业务的款项余额。
1302	拆出资金	拆出资金，是指信托投资公司拆借给商业银行和其他非银行金融机构的资金。拆出资金应按实际发生额入账。 本科目期末借方余额，反映企业按规定拆放给其他金融机构的款项余额。

1303	贷款	本科目核算企业（银行）按规定发放的各种客户贷款，包括质押贷款、抵押贷款、保证贷款、信用贷款等。 企业（银行）按规定发放的具有贷款性质的银团贷款、贸易融资、协议透支、信用卡透支、转贷款以及垫款等，在本科目核算；也可以单独设置"银团贷款"、"贸易融资"、"协议透支"、"信用卡透支"、"转贷款"、"垫款"等科目。 本科目期末借方余额，反映企业按规定发放尚未收回贷款的摊余成本。
1304	贷款损失准备	贷款损失准备是当存在客观证据表明贷款发生减值，按贷款损失的程度计提的用于弥补专项损失、尚未个别识别的可能性损失和针对某一国家、地区、行业或某一类贷款风险所计提的准备。银行在期末分析各项贷款的可收回性，并预计可能产生的贷款损失。 贷款损失准备为贷款的账面价值与其预计未来可收回金额的现值之间的差额。贷款损失准备的提取是按照风险分类的结果，并考虑借款人的还款能力、还款意愿、贷款本息的偿还情况、抵押品的市价和担保人的支持力度等因素，分析其风险程度和回收的可能性，以判断贷款是否发生减值，合理计提。 本科目期末贷方余额，反映企业已计提但尚未转销的贷款损失准备。
1311	代理兑付证券	代理兑付证券，是指金融机构接受客户的委托，对客户发行的证券到期以后，按合同规定进行兑付，客户按一定的比例支付金融机构手续费。 本科目期末借方余额，反映企业已兑付但尚未收到委托单位兑付资金的证券金额。
1321	代理业务资产	"代理业务资产"科目是用于核算企业不承担风险的代理业务形成的资产，如受托理财业务进行的证券投资、受托贷款等。企业（证券）的代理买卖证券、代理承销证券、代理兑付证券另设科目核算。企业受托代销的商品，可将本科目改为"受托代销商品"科目，进行明细核算。 本科目应当按照委托单位、资产管理类别（如定向、集合和专项资产管理业务）、贷款对象，设置"成本"、"已实现未结算损益"等进行明细核算。 本科目期末借方余额，反映企业代理业务资产的价值。
1401	材料采购	材料采购是指企业利用货币资金购买材料的活动，是生产准备业务的主要内容之一。为了核算企业外购材料的买价和采购费用，计算确定材料采购的实际成本，应设置和运用"材料采购"账户。 本科目的期末借方余额，反映企业已经收到发票账单付款或已开出、承兑商业汇票，但尚未到达或尚未验收入库的在途材料的采购成本。

1402	在途物资	在途物资是指企业购入尚未到达或尚未验收入库的各种物资（即在途物资）的采购和入库情况，一般用于商贸企业。 在途物资与材料采购的区别： 在做会计分录时，这是两个不同的会计科目，"在途物资"这个会计科目的核算范围是企业按实际成本进行的会计核算，用于企业已经付款或已开出、承兑商业汇票，但材料尚未到达或者尚未验收入库的采购业务，应根据发票账单等结算凭证，借记"在途物资"等科目，待材料到达、验收入库后，再贷记"在途物资"。"材料采购"这一会计科目是企业按计划成本核算的。取得原材料时，先通过该科目核算。 本科目期末借方余额，反映小企业购入但尚未运抵的材料或商品的实际成本。
1403	原材料	原材料是指企业用于制造产品并构成产品实体的购入物品，以及购入的用于产品生产但不构成产品实体的辅助性物资等。 原材料可分为原材料及主要材料、辅助材料、外购半成品、修理用备件、包装材料、燃料。 本科目期末借方余额，反映企业库存材料的计划成本或实际成本。
1404	材料成本差异	材料成本差异又称"材料价格差异"。指材料的实际成本与计划价格成本间的差额。 实际成本大于计划价格成本为超支；实际成本小于计划价格成本为节约。外购材料的材料成本差异，在一定程度上反映材料采购业务的工作质量。 在材料日常收发按计划价格计价时，需要设置"材料成本差异"科目，作为材料采购科目的调整科目。科目的借方登记材料实际成本大于计划价格成本的超支额，贷方登记材料实际成本小于计划价格成本的节约额。发出耗用材料所应负担的成本差异，应从本科目的贷方转入各有关生产费用科目；超支额用蓝字结转，节约额用红字结转。 "材料成本差异"科目的明细分类核算，可按材料类别进行，也可按全部材料合并进行。按材料类别进行明细分类核算，可使成本中材料费的计算比较正确，但要相应多设材料成本差异明细分类账，增加核算工作量。如果将全部材料合并一起核算，虽可简化核算工作，但要影响成本计算的正确性。因此在决定材料成本差异的明细分类核算时，既要考虑到成本计算的正确性，又要考虑核算时人力上的可能性。材料成本差异的分配，根据发出耗用材料的计划价格成本和材料成本差异分配率进行计算。

续表

1405	库存商品	库存商品是指企业已完成全部生产过程并已验收入库，合乎标准规格和技术条件，可以按照合同规定的条件送交订货单位，或可以作为商品对外销售的产品以及外购或委托加工完成验收入库用于销售的各种商品。 企业应设置"库存商品"科目，核算库存商品的增减变化及其结存情况。商品验收入库时，应由"生产成本"科目转入"库存商品"科目；对外销售库存商品时，根据不同的销售方式进行相应的账务处理；在建工程等领用库存商品，应按其成本转账。 库存商品明细账应按企业库存商品的种类、品种和规格设置明细账。如有存放在本企业所属门市部准备出售的商品、送交展览会展出的商品，以及已发出尚未办理托收手续的商品，都应单独设置明细账进行核算。库存商品明细账一般采用数量金额式。实行售价金额核算的商品零售企业，库存商品明细账按实物负责人设置。其格式一般要用三栏式，只记售价金额不记数量。由于库存商品按售价记账，为随时了解库存商品的实际价值，同时也便于月末各实物负责人了解已销商品进销差价，也可采用"库存商品"和"商品进销差价"明细分类账户相结合的方法，设置"库存商品及进销差价"明细账。 本科目期末借方余额，反映企业库存商品的实际成本（或进价）或计划成本（或售价）。
1406	发出商品	发出商品是指企业采用托收承付结算方式进行销售而出的产成品，收到货款才作销售收入。 分期收款发出商品是指企业采用分期收款销售方式发出的产品实际成本。是指货品已交付，但货款分期收回的销售方式。 本科目期末借方余额，反映企业商品销售中，不满足收入确认条件的已发出商品的实际成本（或进价）或计划成本（或售价）。
1407	商品进销差价	商品进销差价是商业企业核算存货销售成本的一种方法。 商品进销差价是指含税售价与不含税进价的差额。由于此差价没有实际意义，为了与原售价核算法的内涵一致，进一步将差价分为进销差价和进项税额进行明细核算。 本科目的期末贷方余额，反映企业库存商品的进销差价。

1408	委托加工物资	委托加工物资是指企业委托外单位加工成新的材料或包装物、低值易耗品等物资。委托加工物资的成本应当包括加工中实际耗用物资的成本、支付的加工费用及应负担的运杂费、支付的税金等。 凡属加工物资用于应交增值税项目并取得了增值税专用发票的一般纳税企业，其加工物资所应负担的增值税可作为进项税，不计入加工物资成本； 凡属加工物资用于非应纳增值税项目或免征增值税项目，以及未取得增值税专用发票的一般纳税企业和小规模纳税企业的加工物资，应将这部分增值税计入加工物资成本。 凡属加工物资收回后直接用于销售的，其所负担的消费税应计入加工物资成本；如果收回的加工物资用于连续生产的，应将所负担的消费税先记入"应交税金——应交消费税"科目的借方，按规定用以抵扣加工的消费品销售后所负担的消费税。 企业应设置"委托加工物资"科目，核算委托加工物资增减变动及其结存情况。 企业由于受工艺设备限制，有时需要把某些物资委托外单位加工制成另一种性能和用途的物资，以满足经营的需要，例如将木材加工成木箱，生铁加工成铸件等。发往外单位加工的物资，虽暂时离开企业，但仍属于本企业的存货。 企业委托其他单位加工的物资的实际成本包括： 1. 加工耗用物资的实际成本； 2. 支付的加工费及往返的运杂费和保险费等； 3. 支付的税金。包括委托加工物资应负担的增值税和消费税。 本科目期末借方余额，反映企业委托外单位加工尚未完成物资的实际成本。
1412	包装物及低值易耗品	包装物及低值易耗品指为了包装企业产品而储备的各种包装容器和由于价值低、易损耗等原因不能作为固定资产的各种劳动资料，如桶、箱、瓶、坛、袋、工具、管理用具、玻璃器皿等。 包装物及低值易耗品摊销可以采用一次转销法和五五摊销法。和现行准则中包装物、低值易耗品摊销两个科目一致，下设"成本"和"摊销"两个明细科目。企业也可以根据自己的需要将此科目设为包装物和低值易耗品摊销两个科目核算。 本科目期末借方余额，反映企业包装物和低值易耗品的计划成本或实际成本。

续表

1411	周转材料	周转材料是指企业在施工过程中能够多次使用，并可基本保持原来的形态而逐渐转移其价值的材料，主要包括钢模、木模板、脚手架和其他周转材料等。 周转材料具有以下特征： （一）周转材料与低值易耗品相类似 周转材料与低值易耗品一样，在施工过程中起着劳动手段的作用，能多次使用而逐渐转移其价值。这些都与低值易耗品相类似。 （二）具有材料的通用性 周转材料一般都要安装后才能发挥其使用价值，未安装时形同材料，为避免混淆，一般应设专库保管。此外，周转材料种类繁多、用量较大、价值较低、使用期短、收发频繁、易于损耗，经常需要补充和更换，因此将其列入流动资产进行管理。 基于周转材料的上述特征，在周转材料的管理与核算上，同低值易耗品一样，应采用固定资产和材料的管理与核算相结合的方法进行。 周转材料按其在施工生产过程中的不同用途，一般可分为以下四类： （一）模板 模板是指浇灌混凝土用的木模、钢模等，包括配合模板使用的支撑材料、滑模材料和扣件等在内，按固定资产管理的固定钢模和现场使用固定大模板则不包括在内。 （二）挡板 挡板是指土方工程用的挡板等，包括用于挡板的支撑材料。 （三）架料 架料是指搭脚手架用的竹竿、木杆、竹木跳板、钢管及其扣件等。 （四）其他 其他是指除以上各类之外，作为流动资产管理的其他周转材料，如塔吊使用的轻轨、枕木（不包括附属于塔吊的钢轨）以及施工过程中使用的安全网等。 本科目期末借方余额，反映企业在库周转材料的计划成本或实际成本以及在用周转材料的摊余价值。

1421	消耗性生物资产	消耗性生物资产是指为出售而持有的，或在将来收获为农产品的生物资产，包括生长中的大田作物、蔬菜、用材林以及存栏代售的牲畜等。 自行栽培、营造、繁殖或养殖的消耗性生物资产的成本，应当按照下列规定确定： 1. 自行栽培的大田作物和蔬菜的成本，包括在收获前耗用的种子、肥料、农药等材料费、人工费和应分摊的间接费用等必要支出。 2. 自行营造的林木类消耗性生物资产的成本，包括郁闭前发生的造林费、抚育费、营林设施费、良种试验费、调查设计费和应分摊的间接费用等必要支出。 3. 自行繁殖的育肥畜的成本，包括出售前发生的饲料费、人工费和应分摊的间接费用等必要支出。 4. 水产养殖的动物和植物的成本，包括在出售或入库前耗用的苗种、饲料、肥料等材料费、人工费和应分摊的间接费用等必要支出。 本科目期末借方余额，反映企业消耗性生物资产的价值。
1431	贵金属	以下 8 个元素统称为贵金属： ＊金（Au） ＊银（Ag） ＊铂（Pt） ＊钯（Pd） ＊铑（Rh） ＊铱（Ir） ＊锇（Os） ＊钌（Ru） 本科目期末借方余额，反映企业持有的贵金属存货的价值。
1441	抵债资产	抵债资产是指银行等金融机构依法行使债权或担保物权而受偿于债务人、担保人或第三人的实物资产或财产权利。由于抵债资产形式多样、涉及环节繁多，处理以物抵债资产的涉税问题也较为复杂。 本科目期末借方余额，反映企业取得的尚未处置的实物抵债资产的成本。
1451	损余物资	损余物资是灾害事故发生后尚存的一部分具有经济价值和能为投保人继续使用的受损物资。 《保险法》中规定，保险财产的损余物资应充分利用，作价折归保户，保险人在赔款中作相应的扣除。因此，处理好损余物资对于减少赔款、提高保险人经济效益具有重要意义。 本科目期末借方余额，反映企业承担赔偿保险金责任后取得的损余物资成本。

1461	融资租赁资产	融资租赁资产是指承租人通过融资租赁的方式租入固定资产。 承租人以融资租赁方式租入固定资产时，应当在租赁开始日，将该租赁资产原账面价值与最低租赁付款额现值相比的较低者，作为融资租入固定资产的入账价值；将最低租赁付款额作为长期应付款的入账价值；并将两者的差额记录为未确认融资费用。 但是，如果该项租赁资产占企业资产总额的比例不大，承租人在租赁开始日，可按最低租赁付款额记录租入固定资产和长期应付款。承租人在计算最低租赁付款额的现值时，如果知道出租人的租赁内含利率，应当采用出租人的租赁内含税率作为折现率；否则，应当采用租赁合同规定的利率作为折现率。如果出租人的租赁内含利率和租赁合同规定的利率均无法知晓，则应当采用同期银行贷款利率作为折现率。 "租赁资产原账面价值"，是指在租赁开始日，出租人所记录的该项租赁资产的账面价值（该项租赁资产的账面余额扣除为该项资产所计提的各项备抵项目后的金额）。 所谓"比例不大"，是指融资租入的固定资产总额小于承租人资产总额的30%（包括30%）。 所谓"租赁内含利率"，是指在租赁开始日，使最低租赁收款额的现值与未担保余值的现值之和等于租赁资产原账面价值的折现率。 本科目期末借方余额，反映企业融资租赁资产的成本。
1471	存货跌价准备	存货跌价准备（Inventory Falling Price Reserves）是指在中期期末或年度终了，如由于存货遭受毁损、全部或部分陈旧过时或销售价格低于成本等原因，使存货成本不可以收回的部分，应按单个存货项目的成本高于其可变现净值的差额提取，并计入存货跌价损失。
1501	持有至到期投资	持有至到期投资，指企业有明确意图并有能力持有至到期，到期日固定、回收金额固定或可确定的非衍生金融资产。以下非衍生金融资产不应划分为持有至到期投资： 1. 初始确认时划分为交易性非衍生金融资产； 2. 初始确认时被指定为可供出售非衍生金融资产； 3. 符合贷款和应收款项定义的非衍生金融资产。 存在以下情况之一的，表明企业没有明确意图将某项金融资产投资持有至到期： 1. 企业持有该金融资产投资的期限不确定。 2. 发生市场利率变化、流动性需要变化、其他投资机会及投资收益率变化、融资来源和期限变化、外汇风险变化等情况时，企业将出售该金融资产。企业无法控制、预期不会重复发生且难以合理预期的事项引起的金融资产出售除外。 3. 该金融资产发行方可以按明显低于其摊余成本的金额清偿。 4. 其他表明企业没有明确意图将金融资产投资持有至到期的情况。 本科目期末借方余额，反映企业持有至到期投资的摊余成本。

1502	持有至到期投资减值准备	持有至到期投资是指公司准备持有至到期以取得利息收益的国债、企业债券以及其他理财工具投资。 持有至到期投资减值准备的提取比照应收款项坏账准备的提取办法进行处理。 本科目期末贷方余额，反映企业已计提但尚未转销的持有至到期投资减值准备。
1503	可供出售金融资产	可供出售金融资产是指初始确认时即被指定为可供出售的非衍生金融资产，以及下列各类资产之外的非衍生金融资产： 1. 贷款和应收款项； 2. 持有至到期投资； 3. 交易性金融资产。 本科目期末借方余额，反映企业可供出售金融资产的公允价值。
1511	长期股权投资	长期股权投资是指通过投资取得被投资单位的股份。企业对其他单位的股权投资，通常是为长期持有，以期通过股权投资达到控制被投资单位，或对被投资单位施加重大影响，或为了与被投资单位建立密切关系，以分散经营风险。股权投资通常具有投资大、投资期限长、风险大以及能为企业带来较大的利益等特点。 长期股权投资依据对被投资单位产生的影响，分为以下四种类型： 1. 控制。是指有权决定一个企业的财务和经营政策，并能据以从该企业的经营活动中获取利益。 2. 共同控制。是指按合同约定对某项经济活动所共有的控制。 3. 重大影响。是指对一个企业的财务和经营政策有参与决策的权力，但并不决定这些政策。 4. 无控制、无共同控制且无重大影响。 长期股权投资应根据不同情况，分别采用成本法或权益法核算。投资企业对被投资单位无控制、无共同控制且无重大影响的，长期股权投资应采用成本法核算。采用成本法时，除追加或收回投资外，长期股权投资的账面价值一般应保持不变。被投资单位宣告分派的利润或现金股利，确认为当期投资收益。投资企业确认投资收益，仅限于所获得的被投资单位在接受投资后产生的累积净利润的分配额，所获得的被投资单位宣告分派的利润或现金股利超过上述数额的部分，作为初始投资成本的收回，冲减投资的账面价值。投资企业对被投资单位具有控制、共同控制或重大影响的，长期股权投资应采用权益法核算。采用权益法时，投资企业应在取得股权投资后，按应享有或应分担的被投资单位当年实现的净利润或发生的净亏损的份额（法规或公司章程规定不属于投资企业的净利润除外），调整投资的账面价值，并确认为当期投资损益。投资企业按被投资单位宣告分派的利润或现金股利计算应分得的部分，相应减少投资的账面价值。 企业应当定期对长期投资的账面价值逐项进行检查，至少于每年年末检查一次。如果由于市价持续下跌或被投资单位经营状况变化等原因导致其可收回金额低于投资的账面价值，应将可收回金额低于长期投资账面价值的差额，确认为当期投资损失。 本科目期末借方余额，反映小企业持有的长期股权投资的账面余额。

1512	长期股权投资减值准备	长期股权投资减值准备是针对长期股权投资账面价值而言的，在期末时按账面价值与可收回金额孰低的原则来计量，对可收回金额低于账面价值的差额计提长期股权投资减值准备。而可收回金额是依据核算日前后的相关信息确定的。相对而言，长期股权投资减值这种估算是事后的，客观一些，不同时间计提的减值准备金额具有不确定性。 本科目期末贷方余额，反映企业已计提但尚未转销的长期股权投资减值准备。
1521	投资性房地产	投资性房地产是指为赚取租金或资本增值，或两者兼有而持有的房地产。投资性房地产应当能够单独计量和出售。 投资性房地产主要包括：已出租的土地使用权、持有并准备增值后转让的土地使用权和已出租的建筑物。 下列各项不属于投资性房地产：①自用房地产，即为生产商品、提供劳务或者经营管理而持有的房地产；②作为存货的房地产。 将某个项目确认为投资性房地产，首先应当符合投资性房地产的概念，其次要同时满足投资性房地产的两个确认条件： 1. 与该资产相关的经济利益很可能流入企业； 2. 该投资性房地产的成本能够可靠地计量。
1531	长期应收款	长期应收款是根据长期应收款的账户余额减去未确认融资收益还有一年内到期的长期应收款； 本科目的期末借方余额，反映企业尚未收回的长期应收款。
1532	未实现融资收益	未实现融资收益是指未收到租金并未获担保的部分，因其是否能按期收回具有不确定性，因此按照稳健性原则的要求对预期收益就不计或少计，而且对于超过一个租金支付期未收到租金的应停止确认融资收入，其原已确认的融资收入应予以冲回，转作表外核算，这样处理有助于抵消管理人员和所有者的乐观主义情绪，以利于投资者和债权人更有利地评价风险。但是，将能够带来未来经济利益的相关支出全部由当期投资收益承担，有失配比性。 未实现融资收益是出租人在租赁开始日时记录的应收融资租赁款、未担保余值和租赁资产账面价值的差额，是其将来融资收入确认的基础。出租人未担保余值的预计可收回金额低于其账面价值时确认为当期损失。 未实现融资收益＝最低租赁收款额+未担保余值-租赁投资净额 本科目期末贷方余额，反映企业未实现融资收益的余额。
1541	存出资本保证金	存出资本保证金是指金融企业从事保险业务按规定比例缴存的、用于清算时清偿债务的保证金。存出资本保证金应于金融企业成立后按注册资本的20%提取，在实际发生时，按实际发生额入账。 本科目期末借方余额，反映企业按规定比例缴存的用于清算时清偿债务的资本保证金。

1601	固定资产	属于产品生产过程中用来改变或者影响劳动对象的劳动资料,是固定资本的实物形态。固定资产在生产过程中可以长期发挥作用,长期保持原有的实物形态,但其价值则随着企业生产经营活动而逐渐转移到产品成本中去,并构成产品价值的一个组成部分。根据重要原则,一个企业把劳动资料按照使用年限和原始价值划分为固定资产和低值易耗品。对于原始价值较大、使用年限较长的劳动资料,按照固定资产来进行核算;而对于原始价值较小、使用年限较短的劳动资料,按照低值易耗品来进行核算。在中国的会计制度中,固定资产通常是指使用期限超过一年的房屋、建筑物、机器、机械、运输工具以及其他与生产经营有关的设备、器具和工具等。 从会计的角度划分,固定资产一般被分为生产用固定资产、非生产用固定资产、租出固定资产、未使用固定资产、不需用固定资产、融资租赁固定资产、接受捐赠固定资产等。 固定资产的价值是根据它本身的磨损程度逐渐转移到新产品中去,它的磨损分为有形磨损和无形磨损两种情况;固定资产在使用过程中因损耗而转移到产品中去的那部分价值的一种补偿方式,叫作折旧,折旧的计算方法主要有平均年限法、工作量法、年限总和法等;固定资产在物质形式上进行替换,在价值形式上进行补偿,就是更新;此外,还有固定资产的维持和修理等。 从增值税抵扣进项税额的购进固定资产的角度讲,固定资产是指: 1. 使用期限超过一年的机器、机械、运输工具,以及其他与生产有关的设备、工具、器具; 2. 单位价值在2000元以上,并且使用年限超过2年的不属于生产经营主要设备的物品(2007年《新会计准则》对固定资产的认定价值限制取消,只要公司认为可以的且使用寿命大于一个会计年度的均可认定为固定资产,按照一定折旧方法计提折旧)。 这里的规定比《企业会计准则》当中的规定范围要小,主要不包括房屋、建筑等不动产,因为销售房屋、建筑物缴纳营业税,不缴增值税。 商务印书馆《英汉证券投资词典》解释:固定资产(Fixed Asset),名词,常用复数。公司用以经营的具有较长生命周期的有形资产为固定资产,如厂房、机器等。这些资产通常不能即刻转变为现金,但公司可依据会计和税收规定每年提取折旧。 固定资产是指同时具有下列特征的有形资产: 1. 为生产商品提供劳务出租或经营管理而持有的; 2. 使用寿命超过一个会计年度。 固定资产同时满足下列条件的才能予以确认: 1. 与该固定资产有关的经济利益很可能流入企业; 2. 该固定资产的成本能够可靠地计量。 固定资产的各组成部分具有不同使用寿命或者以不同方式为企业提供经济利益,适用不同折旧率或折旧方法的,应当分别将各组成部分确认为单项固定资产。

1602	累计折旧	"累计折旧"账户属于资产类的备抵调整账户,其结构与一般资产账户的结构刚好相反,贷方登记增加,借方登记减少,余额在贷方。 固定资产的价值在使用的过程中,会因为种种因素(磨损、陈旧)不断地减少,我们称之为折旧。累计折旧实际上就是固定资产更新准备金的合计数。每一个会计期间都应计算这一期应计提的折旧金额。固定资产的折旧方法有很多种,具体分为直线折旧法、双倍余额递减法、年数总和法等。
1603	固定资产减值准备	固定资产减值准备是指由于固定资产市价持续下跌,或技术陈旧、损坏、长期闲置等原因导致其可收回金额低于账面价值的,应当将可收回金额低于其账面价值的差额作为固定资产减值准备。 《企业会计制度》第五十六条规定:"企业应当在期末对固定资产逐项进行检查,如果由于市价持续下跌,或技术陈旧、损坏、长期闲置等原因,导致其可收回金额低于账面价值的,应当计提固定资产减值准备。" 可收回金额是指固定资产的销售净价与预期从固定资产的持续使用和使用寿命结束时的处置中形成的预计未来现金流量的现值两者之中的较高者。 账面价值指固定资产原值扣减已提累计折旧和固定资产减值准备后的净额。 固定资产减值准备应当作为固定资产净值的减项反映。 1. 固定资产减值准备与累计折旧的联系。 (1)两者都核算固定资产价值的降低。一个是固定资产净值的减损,一个是固定资产价值的转移。 (2)两者计提的原因有相同之处。技术进步和遭受破坏使得固定资产价值降低是两者计提的共同原因。 (3)两者之间相互关联。固定资产减值准备是累计折旧的补充,它对累计折旧中的估计偏差进行矫正。固定资产的折旧要以减值后的固定资产净值为基础进行调整。 2. 固定资产减值准备与累计折旧的区别。 (1)两者所针对的对象不同。累计折旧是固定资产原值的减项,固定资产减值准备则是固定资产净值的减项。这一点由财务报表列示的情况就可以看出。 (2)两者处理问题的及时性不同。固定资产预计使用年限和预计净残值、折旧方法等,一经确定不得随意变更。当折旧估计发生偏差、固定资产价值发生减损时,固定资产减值准备可以在期末及时地予以调整。 (3)两者发生的频率和规律不同。折旧一般是按月计提,所以折旧计提是经常发生的,计提的金额是有规律的,它与当期的收益相配比。而固定资产减值则不同,它是一项非经营性支出。 (4)两者所处的时点不同。在取得固定资产后,企业就要预计折旧年限、净残值和选择合理的折旧方法,这是在购置时点的一种估计,所以累计折旧金额是主观性较强的估计值。而固定资产减值准备是期末根据账面价值与可收回金额之差来确定金额的,它是对购置固定资产后某期期末的一种估计,相对比较客观。 (5)两者有部分核算内容相互独立。除了技术进步和遭受破坏使得固定资产价值降低外,累计折旧更关注固定资产由于正常使用而发生的价值转移。而固定资产减值准备还核算长期闲置固定资产的减值。

1604	在建工程	在建工程是指企业固定资产的新建、改建、扩建，或技术改造、设备更新和大修理工程等尚未完工的工程支出。 在建工程通常有"自营"和"出包"两种方式。自营在建工程指企业自行购买工程用料、自行施工并进行管理的工程；出包在建工程是指企业通过签订合同，由其他工程队或单位承包建造的工程。 在建工程和工程物资的区别如下： 在建工程：反映企业期末各项未完工程的实际支出，包括交付安装的设备价值。未完建筑安装工程已经耗用的材料、工资和费用支出、预付出包工程的价款、已经建筑安装完毕但尚未交付使用的工程等的可收回金额。本项目应根据"在建工程"科目的期末金额，减去"在建工程减值准备"科目期末余额后的金额填列。 本科目的期末借方余额，反映企业尚未完工的在建工程的价值。 工程物资：反映企业各项工程尚未使用的工程物资的实际成本。本项目应根据"工程物资"科目的期末余额填列。
1605	工程物资	工程物资是指用于固定资产建造的建筑材料，如钢材、水泥、玻璃等。在资产负债表中并入在建工程项目。 企业会计记录设置工程物资科目，该科目核算企业为基建工程、更改工程和大修理工程准备的各种物资的实际成本，包括为工程准备的材料、尚未交付安装的需要安装设备的实际成本，以及预付大型设备款和基本建设期间根据项目概算购入为生产准备的工具及器具等的实际成本。企业购入不需要安装的设备，应当在"固定资产"科目核算，不在本科目核算。 工程物资科目应当设置以下明细科目：①专用材料；②专用设备；③预付大型设备款；④为生产准备的工具及器具。 本科目期末借方余额，反映企业为在建工程准备的各种物资的价值。
1606	固定资产清理	固定资产清理是指企业因出售、报废和毁损等原因转入清理的固定资产价值及其在清理过程中所发生的清理费用和清理收入等。 "固定资产清理"是资产类账户，用来核算企业因出售、报废和毁损等原因转入清理的固定资产净值以及在清理过程中所发生的清理费用和清理收入。借方登记固定资产转入清理的净值和清理过程中发生的费用；贷方登记收回出售固定资产的价款、残料价值和变价收入，其贷方余额表示清理后的净收益；借方余额表示清理后的净损失，清理完毕后应将其贷方或借方余额转入"营业外收入"或"营业外支出"账户。 本科目期末余额，反映企业尚未清理完毕固定资产的价值以及清理净损益（清理收入减去清理费用）。

续表

1611	融资租赁资产	融资租赁资产是属于专业租赁公司购买，然后租赁给需要使用的企业，该租赁资产行为的识别标准如下： 1. 租赁期占租赁开始日该项资产尚可使用年限的75%以上； 2. 支付给租赁公司的最低租赁付款额现值等于或大于租赁开始日该项资产账面价值的90%及以上； 3. 承租人对租赁资产有优先购买权，并在行使优先购买权时所支付购买金额低于优先购买权日该项租赁资产公允价值的5%； 4. 承租人有继续租赁该项资产的权利，其支付的租赁费低于租赁期满日该项租赁资产正常租赁费的70%。 总而言之，融资租赁其实质就是转移了与资产所有权有关的全部风险和报酬，某种意义上讲对于确定要行使优先购买权的承租企业，融资租赁实质上就是分期付款购置固定资产的一种变通方式，但要比直接购买高得多。而经营租赁则不同，仅仅转移了该项资产的使用权，而对该项资产所有权有关的风险和报酬却没有转移，仍然属于出租方，承租企业只按合同规定支付相关费用，承租期满的经营租赁资产由承租企业归还出租方。 本科目期末借方余额，反映企业已作为融资租赁资产但尚未租出资产的实际成本。
1612	未担保余值	未担保余值，是指租赁资产余值中扣除就出租人而言的担保余值以后的资产余值，为租赁专用的会计科目。 本科目期末借方余额，反映企业采用融资租赁方式租出资产的未担保余值。
1621	生产性生物资产	生产性生物资产是指为产出农产品、提供劳务或出租等目的而持有的生物资产，包括经济林、薪炭林、产畜和役畜等。 自行营造或繁殖的生产性生物资产的成本，应当按照下列规定确定： 1. 自行营造的林木类生产性生物资产的成本，包括达到预定生产经营目的前发生的造林费、抚育费、营林设施费、良种试验费、调查设计费和应分摊的间接费用等必要支出。 2. 自行繁殖的产畜和役畜的成本，包括达到预定生产经营目的（成龄）前发生的饲料费、人工费和应分摊的间接费用等必要支出。 本科目期末借方余额，反映企业生产性生物资产的价值。
1622	生产性生物资产累计折旧	生产性生物资产累计折旧是指企业（农业）成熟生产性生物资产的累计折旧。本科目专用于农业会计。 本科目期末贷方余额，反映企业成熟生产性生物资产的累计折旧额。
1623	公益性生物资产	公益性生物资产是指以防护、环境保护为主要目的的生物资产，包括防风固沙林、水土保持林和水源涵养林等。 本科目期末借方余额，反映企业公益性生物资产的价值。

1631	油气资产	油气资产是指油气开采企业所拥有或控制的井及相关设施和矿区权益。油气资产属于递耗资产。 递耗资产是通过开掘、采伐、利用而逐渐耗竭，以致无法恢复或难以恢复、更新或按原样重置的自然资源，如矿藏、原始森林等。油气资产是油气生产企业的重要资产，其价值在总资产中占有较大比重。 企业为开采油气所必需的辅助设备和设施（如房屋、机器等），作为一般固定资产管理，适用《企业会计准则第4号——固定资产》。 本科目期末借方余额，反映企业油气资产的账面原价。
1632	累计折耗	累计折耗是天然资源所提列的折耗累积数，为石油天然气开采的抵减（评价）科目。 本科目期末贷方余额，反映企业油气资产累计折耗额。
1701	无形资产	无形资产是指企业拥有或者控制的没有实物形态的可辨认非货币性资产。 资产满足下列条件之一的，符合无形资产定义中的可辨认性标准： 1. 能够从企业中分离或者划分出来，并能够单独或者与相关合同、资产或负债一起，用于出售、转移、授予许可、租赁或者交换。 2. 源自合同性权利或其他法定权利，无论这些权利是否可以从企业或其他权利和义务中转移或者分离。 无形资产主要包括专利权、非专利技术、商标权、著作权、土地使用权、特许权等。 商誉的存在无法与企业自身分离，不具有可辨认性，不属于本章所指无形资产。 无形资产同时满足下列条件的，才能予以确认： 1. 与该无形资产有关的经济利益很可能流入企业； 2. 该无形资产的成本能够可靠地计量。 企业自创商誉以及内部产生的品牌、报刊名等，不应确认为无形资产。
1702	累计摊销	累计摊销是用于摊销无形资产的，其余额一般在贷方，贷方登记已计提的累计摊销。类似固定资产中的累计折旧科目。 本科目期末贷方余额，反映企业无形资产累计摊销额。
1703	无形资产减值准备	无形资产减值准备是指企业应当在期末因技术陈旧、损坏、长期闲置等原因，导致其可收回金额低于其账面价值的无形资产，应当计提无形资产减值准备。
1711	商誉	商誉是一个企业的总计价账户，是继续经营价值概念和未入账资产概念的产物。继续经营价值概念认为，商誉本身不是一项单独的会生息的资产，而是实体各项资产合计的价值（整体价值）超过了其个别价值的总和；而未入账资产指的是诸如优秀的管理、忠诚的客户、有利的地点等。 商誉发生减值的，应在本科目设置"减值准备"明细科目进行核算，也可以单独设置"商誉减值准备"科目进行核算。企业应按企业合并准则确定的商誉价值，借记本科目，贷记有关科目。资产负债表日，企业根据资产减值准则确定商誉发生减值的，按应减记的金额，借记"资产减值损失"科目，贷记本科目（减值准备）。 本科目期末借方余额，反映企业外购商誉的价值。

1801	长期待摊费用	长期待摊费用是指企业已经支出，但摊销期限在 1 年以上（不含 1 年）的各项费用，包括开办费、租入固定资产的改良支出以及摊销期在 1 年以上的固定资产大修理支出、股票发行费用等。应当由本期负担的借款利息、租金等，不得作为长期待摊费用处理。 1. 开办费。 开办费指企业在企业批准筹建之日起，到开始生产、经营（包括试生产、试营业）之日止的期间（筹建期间）发生的费用支出。 2. 租入固定资产的改良支出。 租入固定资产改良支出指由于生产经营上的需要，对经营性租入固定资产进行改良工程所发生的支出。 3. 股票发行费用。 股票发行费是指与股票发行直接有关的费用（股票按面值发行时发生的费用，或股票溢价不足以支付的费用），一般包括股票承销费、注册会计师费（包括审计、验资、盈利预测等费用）、评估费、律师费、公关及广告费、印刷费及其他直接费用等。 长期待摊费用的主要特征： （1）长期待摊费用属于长期资产； （2）长期待摊费用是企业已经支出的各项费用； （3）长期待摊费用应能使以后会计期间受益。
1811	递延所得税资产	递延所得税资产是指对于可抵扣暂时性差异，以未来期间很可能取得用来抵扣可抵扣暂时性差异的应纳税所得额为限确认的一项资产。而对于所有应纳税暂时性差异均应确认为一项递延所得税负债，但某些特殊情况除外。 递延所得税资产和递延所得税负债是和暂时性差异相对应的，可抵减暂时性差异是将来可用来抵税的部分，是应该收回的资产，所以对应递延所得税资产。 递延所得税负债是由应纳税暂时性差异产生的，对于影响利润的暂时性差异，确认的递延所得税负债应该调整"所得税费用"。例如会计折旧小于税法折旧，导致资产的账面价值大于计税基础，如果产品已经对外销售了，就会影响利润，所以递延所得税负债应该调整当期的所得税费用。 如果暂时性差异不影响利润，而是直接计入所有者权益的，则确认的递延所得税负债应该调整资本公积。例如可供出售金融资产是按照公允价值来计量的，公允价值升高了，会计上调增了可供出售金融资产的账面价值，并确认的资本公积，因为不影响利润，所以确认的递延所得税负债不能调整所得税费用，而应该调整资本公积。 本科目期末借方余额，反映企业已确认的递延所得税资产的余额。
1821	独立账户资产	独立账户资产指投资连结保险各个投资账户中的投资资产组合。 独立账户资产由保单持有人承担投资风险和收益，保险公司主要获取管理费收入。独立账户资产对应于股票市场敏感性的产品，这类产品也称为独立账户产品，包括：投资连结和变额万能寿险、变额人寿和年金、保险连结的储蓄存款业务。由于风险和收益均由保单持有人承担，所以独立账户采取相对进取的投资策略，主要是投资于股票。 本科目期末借方余额，反映企业确认的独立账户资产的价值。

1901	待处理财产损溢	待处理财产损溢是指在清查财产过程中查明的各种盘盈、盘亏、毁损的价值。经常设置两个明细科目，即"待处理固定资产损溢"、"待处理流动资产损溢"。待处理财产损溢在未报经批准前与资产直接相关，在报经批准后与当期损溢直接相关。因此对待处理财产损溢的检查不容忽视。 小企业出现现金溢余或短缺，应当直接进行处理，计入当期损益；而大、中型企业则要通过"待处理财产损益"账户核算，然后再进行具体的处理。企业的财产损溢，应查明原因，在期末结账前处理完毕，处理后本科目应无余额。
2001	短期借款	短期借款是指企业用来维持正常的生产经营所需的资金或为抵偿某项债务而向银行或其他金融机构等外单位借入的、还款期限在一年以下或者一年的一个经营周期内的各种借款。 工商企业的短期借款主要有：经营周转借款、临时借款、结算借款、票据贴现借款、卖方信贷、预购定金借款和专项储备借款等。 1. 经营周转借款：亦称生产周转借款或商品周转借款。企业因流动资金不能满足正常生产经营需要，而向银行或其他金融机构取得的借款。办理该项借款时，企业应按有关规定向银行提出年度、季度借款计划，经银行核定后，根据借款借据办理借款。 2. 临时借款：企业因季节性和临时性客观原因，正常周转的资金不能满足需要，超过生产周转或商品周转款额划入的短期借款。临时借款实行"逐笔核贷"的办法，借款期限一般为 3 至 6 个月，按规定用途使用，并按核算期限归还。 3. 结算借款：在采用托收承付结算方式办理销售货款结算的情况下，企业为解决商品发出后至收到托收货款前所需要的在途资金而借入的款项。企业在发货后的规定期间（一般为 3 天，特殊情况最长不超过 7 天）内向银行托收的，可申请托收承付结算借款。借款金额通常按托收金额和商定的折扣率进行计算，大致相当于发出商品销售成本加代垫运杂费。企业的货款收回后，银行将自行扣回其借款。 4. 票据贴现借款：持有银行承兑汇票或商业承兑汇票的，发生经营周转困难时，申请票据贴现的借款，期限一般不超过 3 个月。如现借款额一般是票据的票面金额扣除贴现息后的金额，贴现借款的利息即为票据贴现息，由银行办理贴现时先进扣除。 5. 卖方信贷：产品列入国家计划，质量在全国处于领先地位的企业，经批准采取分期收款销售引起生产经营资金不足而向银行申请取得的借款。这种借款应按货款收回的进度分次归还，期限一般为 1~2 年。 6. 预购定金借款：商业企业为收购农副产品发放预购定金而向银行借入的款项。这种借款按国家规定的品种和批准的计划标发放，实行专户管理，借款期限最多不超过 1 年。 7. 专项储备借款：商业批发企业国家批准储备商品而向银行借入的款项。这种借款必须实行专款专用，借款期限根据批准的储备期确定。

2002	存入保证金	存入保证金是指金融企业按保险合同约定接受存入的保证金，包括存入理赔保证金、存入信用险保证金。存入保证金应按实际存入的金额入账，为金融企业专用科目。 本科目期末贷方余额，反映企业接受存入但尚未返还的保证金余额。
2003	拆入资金	拆入资金是贷款尤其是短期贷款的来源之一。 拆入资金是指信托投资公司向银行或其他金融机构借入的资金。拆入资金应按实际借入的金额入账。 拆入资金是套做，循环使用、短借长用。比如说，银行给证券公司30亿元拆借授信额度。证券公司在15亿元拆借资金到期的当天上午发出拆借第二笔15亿元资金指令，当第二笔拆借资金在这天下午1点到账后，即可归还到账的15亿元拆借贷款。 "拆入资金"科目核算保险公司按规定从事拆入该科目的期末余额。 本科目期末贷方余额，反映企业尚未归还的拆入资金的余额。
2004	向中央银行借款	向中央银行借款，是指金融企业向中央银行借入的临时周转资金、季节性资金、年度性资金以及因特殊需要经批准向中央银行借入的特种借款等。向中央银行借款应按实际借入款项入账，专用于银行会计。 本科目期末贷方余额，反映企业尚未归还中央银行的借款的余额。
2011	吸收存款	"吸收存款"是负债类科目，它核算企业（银行）吸收的除同业存放款项以外的其他各种存款，即收到的除金融机构以外的企业或者个人、组织的存款。包括单位存款（企业、事业单位、机关、社会团体等）、个人存款、信用卡存款、特种存款、转贷款资金和财政性存款等。 本科目期末贷方余额，反映企业吸收的除同业存放款项以外的其他各项存款余额。
2012	同业存放	同业存放是指公司吸收银行或非银行金融机构的本外币存款。 "同业存放"虽然也是负债类科目，但它核算企业（银行）吸收的境内、境外金融机构的存款。 本科目期末贷方余额，反映企业吸收的同业存放款项的余额。
2021	贴现负债	贴现负债是指企业（银行）办理商业票据的转贴现等业务所融入的资金。 本科目只用于银行会计处理。 本科目期末贷方余额，反映企业办理的转贴现融入资金等业务的款项余额。
2101	交易性金融负债	交易性金融负债是指企业采用短期获利模式进行融资所形成的负债，比如短期借款、长期借款、应付债券。 作为交易双方来说，甲方的金融债权就是乙方的金融负债，由于融资方需要支付利息，因比，就形成了金融负债。 交易性金融负债是企业承担的交易性金融负债的公允价值。 本科目期末贷方余额，反映企业承担的交易性金融负债的公允价值。

2111	卖出回购金融资产款	卖出回购金融资产款是用于核算企业（金融）按回购协议卖出票据、证券、贷款等金融资产所融入的资金。 本科目应当按照卖出回购金融资产的类别和融资方进行明细核算。 本科目期末借方余额，反映企业卖出的尚未到期回购的金融资产款余额。
2201	应付票据	应付票据是指企业在商品购销活动和对工程价款进行结算因采用商业汇票结算方式而发生的，由出票人出票，委托付款人在指定日期无条件支付确定的金额给收款人或者票据的持票人，它包括商业承兑汇票和银行承兑汇票。应付票据按是否带息分为带息应付票据和不带息应付票据两种。 应付票据是由出票人出票，委托付款人在指定日期无条件支付确定的金额给收款人或持票人的票据。应付票据也是委托付款人允诺在一定时期内支付一定款额的书面证明。在我国应付票据是在采用商业汇票结算方式下发生的。 商业汇票是指收款人或付款人（或承兑申请人）签发，由承兑人承兑，并于到期日向收款人或被背书人支付款项的票据。 商业汇票按承兑人不同分为商业承兑汇票和银行承兑汇票。如承兑人是银行的票据，则为银行承兑汇票；如承兑人为购货单位的票据，则为商业承兑汇票。商业汇票按是否带息，分为带息票据和不带息票据。带息票据是指按票据上表明的利率，在票据票面金额上加上利息的票据，所以，到期承兑时，除支付票面金额外，还要支付利息。不带息票据是指票据到期时按面值支付，票据上无利息的规定。目前我国常用的是不带息票据。 物业管理企业开出承兑的应付票据应设置"应付票据"账户进行核算。开出、承兑时，按票面金额记入贷方，到期承付时，按票面金额记入借方，余额在贷方，表示尚未到期的应付票据数额。应付票据的明细核算按照其收款人的姓名和收款单位设明细，并应设置"应付票据备查簿"，详细登记每一笔应付票据的种类、号数、签发日期、到期日、票面金额、合同交易号、收款人姓名或收款人单位名称，以及付款日期和金额等。到期付款时，应在备查账簿内逐笔注销。

2202	应付账款	应付账款是指企业因购买材料、物资和接受劳务供应等而付给供货单位的账款。 应付账款是企业应付的购货款项，它是处理从发票审核、批准、支付直到检查和对账的业务，它可以为什么时候付款，是否付全额，或是否现金折扣提供决策信息。应付账款模块与采购模块、库存模块完全集成。 应付账款与应收账款一样分为四大模块： 1. 发票管理——将发票输入之后，可以验证发票上所列物料的入库情况，核对采购订单物料，计算采购单和发票的差异，查看指定发票的所有采购订单的入库情况，列出指定发票的有关支票付出情况和指定供应商的所有发票和发票调整情况。 2. 供应商管理——提供每个提供物料的供应商信息，如使用币种、付款条件、付款方式、付款银行、信用状态、联系人、地址等，此外，还有各类交易信息。 3. 支票管理——可以处理多个付款银行与多种付款方式，能够进行支票验证和重新编号，将开出支票与银行核对，查询指定银行开出的支票，作废支票和打印支票。 4. 账龄分析——可以根据指定的过期天数和未来天数计算账龄，也可以按照账龄列出应付款的余额。
2203	预收账款	预收账款指买卖双方协议商定，由购货方预先支付一部分货款给供应方而发生的一项负债。预收账款一般包括预收的货款、预收购货定金。施工企业的预收账款主要包括预收工程款、预收备料款等。 作为流动负债，预收账款不是用货币抵偿的，而是要求企业在短期内以某种商品、提供劳务或服务来抵偿。
2211	应付职工薪酬	应付职工薪酬是指企业为获得职工提供的服务而给予各种形式的报酬以及其他相关支出。职工薪酬包括：职工工资、奖金、津贴和补贴；职工福利费；医疗保险费、养老保险费、失业保险费、工伤保险费和生育保险费等社会保险费；住房公积金；工会经费和职工教育经费；非货币性福利；因解除与职工的劳动关系给予的补偿；其他与获得职工提供的服务相关的支出。 原"应付工资"和"应付福利费"取消，改为"应付职工薪酬"。 职工薪酬不仅包括企业一定时期支付给全体职工的劳动报酬总额，也包括按照工资的一定比例计算并计入成本费用的其他相关支出。 职工薪酬主要包括以下几个方面： 1. 工资、奖金、津贴和补贴； 2. 福利费（包括货币性福利和非货币性福利）； 3. "五险一金"，指企业为职工支付给有关部门的社会性保险费，以及为职工交纳的职工住房公积金； 4. 工会经费和教育经费，指有工会组织的企业按规定应提取的工会经费以及职工接受教育应由企业负担的各种培训费用； 5. 补偿及相关支出。 本科目期末贷方余额，反映企业应付职工薪酬的结余。

2221	应交税费	应交税费是指企业根据在一定时期内取得的营业收入、实现的利润等，按照现行税法规定，采用一定的计税方法计提的应交纳的各种税费。 应交税费包括企业依法交纳的增值税、消费税、营业税、所得税、资源税、土地增值税、城市维护建设税、房产税、土地使用税、车船税、教育费附加、矿产资源补偿费等税费，以及在上缴国家之前，由企业代收代缴的个人所得税等。 在《新会计准则》中，将"应交税金"、"其他应交款"科目取消，改为"应交税费"科目。 应交税费科目期末贷方余额，反映企业尚未交纳的税费；期末如为借方余额，反映企业多交或尚未抵扣的税金。
2231	应付利息	应付利息是指金融企业根据存款或债券金额及其存续期限和规定的利率，按期计提应支付给单位和个人的利息。应付利息应按已计提但尚未支付的金额入账。 应付利息包括分期付息到期还本的长期借款、企业债券等应支付的利息。 应付利息与应计利息的区别：应付利息属于借款，应计利息属于企业存款。 本科目期末贷方余额，反映企业按照合同约定应支付但尚未支付的利息。
2232	应付股利	应付股利是指企业根据年度利润分配方案，确定分配的股利，是企业经董事会或股东大会，或类似机构决议确定分配的现金股利或利润。企业分配的股票股利，不通过"应付股利"科目核算。 本科目期末贷方余额，反映企业尚未支付的现金股利或利润。
2241	其他应付款	"其他应付款"是财务会计中的一个往来科目，通常情况下，该科目只核算企业应付给其他单位或个人的零星款项，如应付经营租入固定资产和包装物的租金、存入保证金、应付统筹退休金等。企业经常发生的应付供应单位的货款在"应付账款"和"应付票据"科目中核算。 其他应付款是指企业在商品交易业务以外发生的应付和暂收款项。指企业除应付票据、应付账款、应付工资、应付利润等以外的应付、暂收其他单位或个人的款项。如物业管理企业应付租入固定资产和包装物的租金、管辖区内业主和物业管户装修存入保证金；应付职工统筹退休金，职工未按期领取的工资以及应收暂付上级单位、所属单位的款项。企业应设置"其他应付款"账户、用来核算企业应付、暂收其他单位或个人的款项，该账户属于负债类账户。贷方反映企业发生的应付、暂收款项，借方反映企业支付应付及暂收款项。月末，余额为贷方，反映企业应付、暂收的结存金额。本账户按应付和暂收等款项的类别和单位或个人设置明细账。 其他应付款的内容： 1. 应付经营租入固定资产和包装物租金； 2. 职工未按期领取的工资； 3. 存入保证金（如收入包装物押金等）； 4. 应付、暂收所属单位、个人的款项； 5. 其他应付、暂收款项。

2251	应付保单红利	应付保户红利是指金融企业按保险合同约定发生的应付给保户的红利。应付保户红利应按实际发生额入账。 2006新的会计报表增加"应付保单红利"的项目，其内容与旧会计报表的"应付保户红利"一致。 本科目期末贷方余额，反映企业按原保险合同约定应支付但尚未支付投保人的红利。
2261	应付分保账款	应付分保账款表示债务，这样一来，债权、债务关系更加一目了然。另外，财产保险公司应收分保账款是指本公司与其他保险公司之间开展分保业务发生的各种应收款项，因分保业务上级公司间发生的各种应收款项、应付款项通过"分保内部往来"科目核算。 本科目核算企业（保险）从事再保险业务应付未付的款项。 本科目可按再保险分出人或再保险接受人和再保险合同进行明细核算。 本科目期末贷方余额，反映企业从事再保险业务应付未付的款项。
2311	代理买卖证券款	代理买卖证券款是指公司接受客户委托，代理客户买卖股票、债券和基金等有价证券而收到的款项，包括公司代理客户认购新股的款项、代理客户领取的现金股利和债券利息，代客户向证券交易所支付的配股款等。 本科目期末贷方余额，反映企业接受客户存放的代理买卖证券资金。
2312	代理承销证券款	代理承销证券款是指公司接受委托，采用承购包销方式或代销方式承销证券所形成的、应付证券发行人的承销资金。 本科目期末贷方余额，反映企业承销证券应付未付给委托单位的款项。
2313	代理兑付证券款	代理兑付证券款是指公司接受委托代理兑付证券收到的兑付资金。 本科目期末贷方余额，反映企业已收到但尚未兑付的代理兑付证券款项。
2314	代理业务负债	代理业务负债是指公司不承担风险的代理业务收到的款项，包括受托投资资金、受托贷款资金等。 本科目期末贷方余额，反映企业收到的代理业务资金。
2401	递延收益	递延收益是指尚待确认的收入或收益，也可以说是暂时未确认的收益，它是权责发生制在收益确认上的运用。与国际会计准则相比较，在我国《会计准则》和《企业会计制度》中，递延收益应用的范围非常有限，主要体现在租赁准则和收入准则的相关内容中。 本科目期末贷方余额，反映企业应在以后期间计入当期损益的政府补助金额。

2501	长期借款	长期借款是指企业从银行或其他金融机构借入的期限在 1 年以上（不含 1 年）的借款。我国股份制企业的长期借款主要是向金融机构借入的各项长期性借款，如从各专业银行、商业银行取得的贷款；除此之外，还包括向财务公司、投资公司等金融企业借入的款项。 长期借款的分类： 长期借款按照借款用途的不同，可以分为基本建设借款、技术改造借款和生产经营借款三类。 长期借款按照偿还方式的不同，可以分为定期一次性偿还的长期借款和分期偿还的长期借款两类。 按照付息方式与本金的偿还方式，可分为分期付息到期还本长期借款、到期一次还本付息长期借款、分期偿还本息长期借款。 长期借款按照涉及货币种类的不同，可以分为人民币长期借款和外币长期借款。 长期借款按照来源的不同，可以分为从银行借入的长期借款和从其他金融机构借入的长期借款等。
2502	长期债券	根据偿还期限的不同，债券可分为长期债券、短期债券和中期债券。一般说来，偿还期限在 10 年以上的为长期债券；偿还期限在 1 年以下的为短期债券；期限在 1 年或 1 年以上、10 年以下（包括 10 年）的为中期债券。我国国债的期限划分与上述标准相同，但我国企业债券的期限划分与上述标准有所不同。我国短期企业债券的偿还期限在 1 年以内，偿还期限在 1 年以上 5 年以下的为中期企业债券，偿还期限在 5 年以上的为长期企业债券。中长期债券的发行者主要是政府、金融机构和企业。发行中长期债券的目的是为了获得长期稳定的资金，我国政府发行的债券主要是中期债券，集中在 3~5 年这段期限。1996 年，我国政府开始发行期为 10 年的长期债券。
2601	未到期责任准备金	未到期责任准备金也称未赚保费准备金，是指在会计年度决算时，对未满期保险单提存的一种准备金制度。之所以规定这种资金准备，是因为保险业务年度与会计年度是不一致的。将保险责任尚未满期的，应属于下一年度的部分保险费提存出来所形成的准备金称为未到期责任准备金。未到期责任准备金应在会计年度决算时一次计算提取，提取的计算方法有年平均估算法、季平均估算法和月平均估算法。 比如投保人于 10 月 1 日缴付一年的保险费，其中的 3 个月属于本会计年度，余下的 9 个月属于下一个会计年度。这一保险单在下一会计年度的前 9 个月是继续有效的。因此，要在当年收入的保险费中提存相应的部分作为下一年度的保险费收入，作为对该保险单的赔付资金来源。 我国《保险法》规定未到期责任准备金除人寿保险业务外，应当从当年自留保险费中提取。提取和结转的数额，应当相当于当年自留保费的 50%，人寿保险业务的未到期责任准备金应当按照有效的人寿保险单的全部净值提取。 会计科目未到期责任准备金，仅用于保险行业。

2602	保险责任准备金	所谓保险责任准备金，是指保险公司为了承担未到期责任和处理未决赔款而从保险费收入中提存的一种资金准备。保险责任准备金不是保险公司的营业收入，而是保险公司的负债，因此保险公司应有与保险责任准备金等值的资产作为后盾，随时准备履行其保险责任。 在会计科目中，提取保险责任准备金只用于保险行业。 期末，应将本科目余额转入"本年利润"科目，结转后本科目无余额。
2611	保户储金	保户储金是指保险公司以储金利息作为保费的保险业务，收到保户缴存的储金。 本科目期末贷方余额，反映企业收取的投保人储金或投资本金结余。
2621	独立账户负债	独立账户负债是指保险公司对投资连结保险提取的单位准备金和投资账户负债。其中，投资账户负债是指在投资账户资产投资过程中形成的卖出回购证券、应付款项等负债。 独立账户负债为认可负债，其中，以投资连结保险保单持有人享有的投资账户价值作为单位准备金的认可价值，以投资账户负债的账面余额作为其认可价值。 独立账户负债应当在认可负债表中单独列示。 本科目期末借方余额，反映企业确认的独立账户负债结余。
2701	长期应付款	长期应付款是指企业除了长期借款和应付债券以外的长期负债，包括应付引进设备款、应付融资租入固定资产的租赁费等。 应付引进设备款是根据公司与外商签订来料加工、来料装配和中小型补偿贸易合同而引进国外设备所发生的应付款项，是企业根据需要与外商签订合同引进外国设备的应付款项，按合同规定的还款方式用应收的加工装配收入和出口产品所得收入归还。 融资租入固定资产应付款是指企业采用融资租赁方式租入固定资产发生的租赁费。融资租入的固定资产，在租赁有效期限内，虽然资产的所有权尚未归入方所有，但租赁资产上的所有风险以及利益均已转移给了承租方，因此，租入方应将租入固定资产以及相应的融资作为一项资产和一项负债。
2702	未确认融资费用	未确认融资费用=最低租赁付款额−最低租赁付款额现值。 2006年《新会计准则》，将未确认融资费用，由资产类科目转变为负债类科目。 本科目期末借方余额，反映企业未确认融资费用的摊余价值。
2711	专项应付款	专项应付款是企业接受国家拨入的具有专门用途的款项所形成的不需要以资产或增加其他负债偿还的负债。 专项应付款指企业接受国家拨入的具有专门用途的拨款，如新产品试制费拨款、中间试验费拨款和重要科学研究补助费拨款科技三项拨款。 专项应付款的特征： 1. 属于企业的负债； 2. 专款专用； 3. 不需要以资产或新的负债偿还。

2801	预计负债	预计负债是因或有事项可能产生的负债。根据或有事项准则的规定，与或有事项相关的义务同时符合以下三个条件的，企业应将其确认为负债： 1. 该义务是企业承担的现时义务； 2. 该义务的履行很可能导致经济利益流出企业，这里的"很可能"指发生的可能性为"大于50%，但小于或等于90%"； 3. 该义务的金额能够可靠地计量。
2901	递延所得税负债	递延所得税负债是指根据应税暂时性差异计算的未来期间应付所得税的金额。 递延所得税资产和递延所得税负债是和暂时性差异相对应的，可抵减暂时性差异是将来可用来抵税的部分，是应该收回的资产，所以对应递延所得税资产。 递延所得税负债是由应纳税暂时性差异产生的，对于影响利润的暂时性差异，确认的递延所得税负债应该调整"所得税费用"。例如会计折旧小于税法折旧，导致资产的账面价值大于计税基础，如果产品已经对外销售了，就会影响利润，所以递延所得税负债应该调整当期的所得税费用。 如果暂时性差异不影响利润，而是直接计入所有者权益的，则确认的递延所得税负债应该调整资本公积。例如可供出售金融资产是按照公允价值来计量的，公允价值升高了，会计上调增了可供出售金融资产的账面价值，并确认的资本公积，因为不影响利润，所以确认的递延所得税负债不能调整所得税费用，而应该调整资本公积。 2006年新的会计准则中，将原有的"递延税款"科目更名为"递延所得税负债"。 本科目期末贷方余额，反映企业已确认的递延所得税负债的余额。
3001	清算资金往来	清算资金往来是指用于不同银行之间清算的资金，如用于票据或跨行款项划拨的准备金（在中国人民银行开户），各行之间的清算代理资金等。 本科目期末借方余额，反映企业应收的清算资金；本科目期末贷方余额，反映企业应付的清算资金。
3002	货币兑换	货币兑换是企业（金融）采用分账制核算外币交易所产生的不同币种之间的兑换。 本科目按币种进行明细核算。 本科目期末应无余额。

3101	衍生工具	衍生工具通常被认为是为交易而持有或为套期而持有的金融工具,包括期权、期货、远期合约、互换等比较常用的品种。 1. 本科目核算企业衍生工具的公允价值及其变动形成的衍生资产或衍生负债。衍生工具作为套期工具的,在"套期工具"科目核算。 2. 本科目可按衍生工具类别进行明细核算。 3. 衍生工具的主要账务处理。 (1) 企业取得衍生工具,按其公允价值,借记本科目,按发生的交易费用,借记"投资收益"科目,按实际支付的金额,贷记"银行存款"、"存放中央银行款项"等科目。 (2) 资产负债表日,衍生工具的公允价值高于其账面余额的差额,借记本科目,贷记"公允价值变动损益"科目;公允价值低于其账面余额的差额做相反的会计分录。 (3) 终止确认的衍生工具,应当比照"交易性金融资产"、"交易性金融负债"等科目的相关规定进行处理。 4. 本科目期末借方余额,反映企业衍生工具形成资产的公允价值;本科目期末贷方余额,反映企业衍生工具形成负债的公允价值。
3201	套期工具	套期工具是指企业为进行套期而指定的、其公允价值或现金流量变动预期可抵消被套期项目的公允价值或现金流量变动的衍生工具,对外汇风险进行套期还可以将非衍生金融资产或非衍生金融负债作为套期工具。 本科目期末借方余额,反映企业套期工具形成资产的公允价值;本科目期末贷方余额,反映企业套期工具形成负债的公允价值。
3202	被套期项目	被套期项目是指企业面临公允价值或现金流量变动风险且被指定为套期对象的单项或一组资产、负债、确定承诺、很可能发生的预期交易。 被套期项目因被套期风险形成的利得或损失应当计入当期损益,同时调整被套期项目的账面价值。 库存商品、持有至到期投资、可供出售金融资产、贷款、长期借款、预期商品销售、预期商品购买、对境外经营净投资等项目使企业面临公允价值或现金流量风险变动的,均可被指定为被套期项目。 1. 本准则第九条对被套期项目作了规定。根据该规定,库存商品、持有至到期投资、可供出售金融资产、贷款、长期借款、预期商品销售、预期商品购买、对境外经营净投资等,如符合相关条件,均可作为被套期项目。 2. 对被套期项目的指定。企业通常将单项已确认资产、负债、确定承诺、很可能发生的预期交易或境外经营净投资等指定为被套期项目。金融资产或金融负债组合也可以整体被指定为被套期项目,但该组合中的各单项金融资产或单项金融负债应当共同承担被套期风险,且该组合内各单项金融资产或单项金融负债由被套期风险引起的公允价值变动,应当预期与该组合由被套期风险引起的公允价值整体变动基本成比例。例如,当被套期组合整体因被套期风险形成的公允价值变动 10% 时,该组合中各单项金融资产或单项金融负债因被套期风险形成的公允价值变动通常应限制在 9% ~ 11% 的较小范围内。

4001	实收资本	实收资本是企业所有者的投资，股份有限公司称为"股本"。只要不增加投资，资产负债表中的这个数字就是固定的。按照我国法律要求，实收资本同注册资本在数额上是相等的。注册资本是企业承担有限责任的限度。
4002	资本公积	资本公积金是在公司的生产经营之外，由资本、资产本身及其他原因形成的股东权益收入。股份公司的资本公积金，主要来源于股票发行的溢价收入、接受的赠与、资产增值、因合并接受其他公司资产净额等。其中，股票发行溢价是上市公司最常见、最主要的资本公积金来源。
4101	盈余公积	盈余公积金是指企业按照规定从税后利润中提取的积累资金。盈余公积按其用途，分为法定盈余公积和公益金。法定盈余公积在其累计提取额未达到注册资本50%时，均按税后利润10%提取，公益金按5%~10%提取。
4102	一般风险准备	一般风险准备是指从事证券业务的金融企业按规定从净利润中提取，用于弥补亏损的风险准备。 一般风险准备按净利润的10%计提。 一般风险准备的管理办法：一般风险准备只能用于弥补亏损。 本科目期末贷方余额，反映企业的一般风险准备。
4103	本年利润	"本年利润"账户，从经济内容上看，是所有者权益类；从用途和结构上看是财务成果计算类。企业日常核算中，已将发生的各项费用和收益全部记入各有关收益、费用账户。在此基础上，期末就可以将全部收益与全部费用进行对比确定当期实现的利润（或亏损）。为了核算和监督企业当期实现的净利润（或发生的净亏损）总额，《企业会计制度》规定应设置"本年利润"账户：期末，企业将各收益类账户的贷方余额转入"本年利润"账户，借记各收益账户，贷记"本年利润"账户；同时将各成本、费用和支出类账户的借方余额转入"本年利润"账户的借方：借记"本年利润"账户，贷记各成本、费用和支出类账户。转账后，"本年利润"账户如为贷方余额，反映本年度自年初开始累计发生的净利润。反之，如为借方余额，反映本年度自年初开始累计发生的净亏损。年度终了，将"本年利润"账户的全部累计发生额转入"利润分配"账户：若为贷方余额（净利润），则借记"本年利润"账户，贷记"利润分配——未分配利润"账户；若为借方余额（净亏损），借记"利润分配——未分配利润"账户，贷记"本年利润"账户。年度结账后，"本年利润"账户无余额。
4104	利润分配	利润分配是指企业按照有关规定，对当年实现的利润所进行的分配，或对当年发生的亏损所进行的弥补。因此，设置"利润分配"账户是用来核算和监督企业当年可供分配的利润（或应弥补的亏损）和历年分配（或弥亏后的结存余额）后的结存余额。当进行利润分配或年终亏损转入（年终将"本年利润"账户的借方余额转入），或调增上年度亏损，或调减上年利润时，借记"利润分配"账户。当用盈余公积弥补亏损，或年终净利润转入（年终将"本年利润"账户贷方余额转入），或调增上年利润，或调减上年亏损时，贷记"利润分配"账户。年末，该账户若为借方余额，表示历年累计未弥补的亏损，若为贷方余额，表示历年未分配的利润。

4201	库存股	库存股是指已经认购缴款，由发行公司通过购入、赠予或其他方式重新获得，可供再行出售或注销之用的股票。这种股票既不分配股利，又不附投票权，一般只限于优先股，并且必须存入公司的金库。
		库存股是用来核算企业收购的尚未转让或注销的本公司股份金额。是权益类科目。它的特性和未发行的股票类似，没有投票权或是分配股利的权利，而公司解散时也不能变现。
		按照通常的财务理论，库存股亦称库藏股，是指由公司购回而没有注销，并由该公司持有的已发行股份。库存股在回购后并不注销，而由公司自己持有，在适当的时机再向市场出售或用于对员工的激励。简单地说，就是公司将已经发行出去的股票，从市场中买回，存放于公司，而尚未再出售或是注销。它的特性和未发行的股票类似，没有投票权或是分配股利的权利，而公司解散时也不能变现。
		本科目期末借方余额，反映企业持有尚未转让或注销的本公司股份金额。
5001	生产成本	生产成本亦称制造成本是指生产活动的成本，即企业为生产产品而发生的成本。生产成本是生产过程中各种资源利用情况的货币表示，是衡量企业技术和管理水平的重要指标。
		生产成本是生产单位为生产产品或提供劳务而发生的各项生产费用，包括各项直接支出和制造费用。直接支出包括直接材料（原材料、辅助材料、备品备件、燃料及动力等）、直接工资（生产人员的工资、补贴）、其他直接支出（如福利费）；制造费用是指企业内的分厂、车间为组织和管理生产所发生的各项费用，包括分厂、车间管理人员工资、折旧费、维修费、修理费及其他制造费用（办公费、差旅费、劳保费等）。
		"生产成本"账户应设置"基本生产成本"和"辅助生产成本"两个明细表账户。为了具体反映每一种产品的生产费用和实际生产成本，该两个明细账户可按产品种类进行三级明细核算。
		生产成本的构成：
		生产成本由直接材料、直接人工和制造费用三部分组成。直接材料是指在生产过程中的劳动对象，通过加工使之成为半成品或成品，它们的使用价值随之变成了另一种使用价值；直接人工是指生产过程中所耗费的人力资源，可用工资额和福利费等计算；制造费用则是指生产过程中使用的厂房、机器、车辆及设备等设施及机物料和辅料，它们的耗用一部分通过折旧方式计入成本，另一部分通过维修、定额费用、机物料耗用和辅料耗用等方式计入成本。

5101	制造费用	制造费用是企业生产单位为生产产品或提供劳务而发生的，应计入产品或劳务成本但没有专设成本项目的各项生产费用。 制造费用的内容： 企业为生产产品和提供劳务而发生的各项间接成本。制造费用包括产品生产成本中除直接材料和直接工资以外的其余一切生产成本，主要包括企业各个生产单位（车间、分厂）为组织和管理生产所发生的一切费用，以及各个生产单位所发生的固定资产使用费和维修费，具体有以下项目：各个生产单位管理人员的工资、职工福利费，房屋建筑费、劳动保护费、季节性生产和修理期间的停工损失等。制造费用一般是间接计入成本，当制造费用发生时一般无法直接判定它所归属的成本计算对象，因而不能直接计入所生产的产品成本中去，而须按费用发生的地点先行归集，月终时再采用一定的方法在各成本计算对象间进行分配，计入各成本计算对象的成本中。
5201	劳务成本	劳务成本是指企业提供劳务作业而发生的成本，相对于劳务收入而言。 本科目期末借方余额，反映企业尚未完成或尚未结转的劳务成本。
5301	研发支出	研发支出是指在研究与开发过程中所使用资产的折旧、消耗的原材料、直接参与开发人员的工资及福利费、开发过程中发生的租金以及借款费用等。 研发活动从广义上来讲也是一种投资行为，但较一般的投资活动具有更大的收益不确定性和风险性，因而增加了研发支出在会计确认与计量上的困难。 研究与开发的含义有所不同。所谓研究是为获得新的科学技术知识而从事的有计划有创造性的调查、分析和实验活动，可以是基础性研究也可以是应用性研究，其目的在于发现新知识，并期望利用这种知识能开发出新材料、新产品或新的配方技术，或对现有产品的性能、质量所作的较大改进。开发是在开始商品生产或使用前将研究成果转化为一种新产品或工艺的系列活动，包括概念的形成、样品的设计、不同产品的测试和模型的建造以及试验工厂的运行等。由此可见，研究是一个技术可行性的探索阶段，能否给企业带来经济效益具有很大的不确定性，风险较大，而开发活动是将研究成果应用于实践，将技术转化为产品的阶段，因而带来经济效益的确定性较高。 在新经济条件下，研发支出在企业支出总额中比重越来越大，日渐表现为一种经常性支出、固定性支出，为企业发展和核心能力的形成提供一种不竭的动力。企业在投入一定的人力、物力、财力用于研究开发活动之后，若开发成功，设计出了新的产品，形成了新的技术，则构成企业的一项自创无形资产，若开发失败则研发支出成为企业的一项沉没成本。 本科目期末借方余额，反映企业正在进行中的研究开发项目中满足资本化条件的支出。

续表

5401	工程施工	工程施工是指按照设计图纸和相关文件的要求，在建设场地上将设计意图付诸实现的测量、作业、检验，形成工程实体建成最终产品的活动。在会计科目设置中，本科目为建造承包商专用。 本科目期末借方余额，反映企业尚未完工的建造合同成本和合同毛利。
5402	工程结算	工程结算是指施工企业按照承包合同和已完工程量向建设单位（业主）办理工程价清算的经济文件。工程建设周期长，耗用资金数大，为使建筑安装企业在施工中耗用的资金及时得到补偿，需要对工程价款进行中间结算（进度款结算）、年终结算，全部工程竣工验收后应进行竣工结算。 在会计科目设置中，工程结算为建造承包商专用的会计科目。 本科目期末贷方余额，反映企业尚未完工建造合同已办理结算的累计金额。
5403	机械作业	施工企业的机械作业是指企业及其内部独立核算的施工单位，机械站、运输队，使用自有施工机械和运输设备进行的机械施工和运输作业。会计科目中，机械作业，仅适用于建造承包商。 合理组织机械施工，对充分利用机械设备、确保重点工程、降低机械使用费起着很重要的作用。目前，对施工企业的施工机械，一般采用以下两种管理形式： 1. 一般中小型机械如挖土机、机动翻斗车、混凝土搅拌机、砂浆搅拌机等，由土建施工单位使用并负责管理。 2. 大型施工机械和数量不多的特殊施工机械如大型挖土机、推土机、压路机、大型吊车、升板滑模设备等，由机械施工单位负责管理。根据各土建施工单位施工的需要，由机械施工单位进行施工，或将机械租给土建施工单位，向土建施工单位结算台班费或机械租赁费。 本科目期末应无余额。
6001	主营业务收入	主营业务收入是指企业经常性的、主要业务所产生的收入，如制造业的销售产品、半成品和提供工业性劳务作业的收入；商品流通企业的销售商品收入；旅游服务业的门票收入、客户收入、餐饮收入等。 主营业务收入发生时是在贷方，到月末要在借方转入本年利润。主营业务收入月末没有余额，所以就没有借贷差。累计栏填写本会计年度截至本期的累计发生额，具体情况可以具体对待。主营业务收入可以记录本月发生额也可以设置累计发生额栏。
6011	利息收入	利息收入是指企业将资金提供他人使用或他人占用本企业资金所取得的利息收入，包括存款利息、贷款利息、债券利息、欠款利息等收入。 期末，应将本科目余额转入"本年利润"科目，结转后本科目无余额。

6021	手续费及佣金收入	手续费收入，是指企业（金融）进行各项业务收取的手续费收入。指银行、信用社办理结算业务、代理融通、委托贷款、代理发行各种类债券、股票、代办保险、代办中间业务等项业务获得的手续费收入。在会计科目中，本科目为金融企业共用。 商业银行的手续费收入是指商业银行在办理支付结算、咨询、担保、委托贷款业务时取得的手续费收入。 证券发行手续费收入指采用代销和包销方式发行证券时收取的手续费收入。 期货交易手续费收入指期货交易中，备约签订成交时，双方必须缴纳手续费作为经营、结算的费用。 期末，应将本科目余额转入"本年利润"科目，结转后本科目无余额。
6031	保费收入	保费收入是保险公司为履行保险合同规定的义务而向投保人收取的对价收入。 保费收入有两方面的内涵： 一方面，保费收入是由于投保人依据保险合同的约定向保险人缴付保险费而形成的，从经济角度观察，保险费是保户为形成共同风险保障而分摊的资金；从法律角度观察，保险费是保户为获得赔付请求而付出的代价。 另一方面，保费收入是保险公司最主要的资金流入渠道，同时也是保险人履行保险责任最主要的资金来源。从资产层面看，保险费收取形成了保险资金的流入，是保险资产增长的主要动力；从负债层面看，由于保险资金的流入的前提是保险人要履行约定的保险责任，因此资金流入的结果造成了保险负债的增加。 保费收入的特征： 保费收入所带来的经济效果是现金资产的流入，并且保险公司利用资金流入与流出的时间差，通过资金运用以及对保险风险的集中与分散的管理，形成损益，与其他行业存在明显的差异。同时，对于短期保险业务与长期保险业务保费收入也存在内涵上的差异，这些都形成了保险行业收入的基本特征。 期末，应将本科目余额转入"本年利润"科目，结转后本科目无余额。
6032	分保费收入	分保费收入是指明分入分保公司接受分入分保业务时，按分入分保合同条款规定向分出分保公司收取的保险费收入。 再保险业务会计处理的主要特点之一是业务数据的间接性、滞后性和不完整性。由于再保险接受人收到分出人提供账单的滞后性，使再保险接受人在满足分保费收入确认条件的当期，通常无法及时收到分出人提供的实际账单。因此，在我国会计实务中，保险公司一般于收到分保业务账单时确认分保费收入和相关费用。《企业会计准则第26号——再保险合同》规定，再保险接受人应根据再保险合同的约定对当期分保费收入进行专业、合理的预估，并将预估方法作为基准方法，将根据分保业务账单处理作为备选方法。为确保再保险接受人在分出人确认分出保费的相同期间内确认分保费收入，接受人应当建立预估方法或模型，对分保费收入的金额进行合理估计。同时，接受人需要进一步根据预估的分保费收入提取分保未到期责任准备金。 期末，应将本科目余额转入"本年利润"科目，结转后本科目无余额。

6041	租赁收入	租赁收入又称租金收入，是指纳税人出租固定资产、包装物以及其他财产而取得的租金收入。 租赁收入的实现： 租赁收入的确认，一般应于租金已经收到，或者取得了获取租金收入凭据时，确认租金收入的实现。 期末，应将本科目余额转入"本年利润"科目，结转后本科目无余额。
6051	其他业务收入	其他业务收入是指企业主营业务收入以外的所有通过销售商品、提供劳务收入及让渡资产使用权等日常活动中所形成的经济利益的流入。如材料物资及包装物销售、无形资产转让、固定资产出租、包装物出租、运输、废旧物资出售收入等。 其他业务收入是企业从事除主营业务以外的其他业务活动所取得的收入，具有不经常发生、每笔业务金额一般较小、占收入的比重较低等特点。 期末，应将本科目的余额转入"本年利润"科目，结转后本科目应无余额。
6061	汇兑损益	亦称汇兑差额。企业在发生外币交易、兑换业务和期末账户调整及外币报表换算时，由于采用不同货币，或同一货币不同比价的汇率核算时产生的、按记账本位币折算的差额。简单地讲，汇兑损益是在各种外币业务的会计处理过程中，因采用不同的汇率而产生的会计记账本位币金额的差异。 企业经营期间正常发生的汇兑损益，根据产生的业务，一般可划分为四种： 1. 在发生以外币计价的交易业务时，因收回或偿付债权、债务而产生的汇兑损益，称为"交易外币汇兑损益"； 2. 在发生外币与记账本位币，或一种外币与另一种外币进行兑换时产生的汇兑损益，称为"兑换外币汇兑损益"； 3. 在现行汇率制下，会计期末将所有外币性债权、债务和外币性货币资金账户，按期末社会公认的汇率进行调整而产生的汇兑损益，称为"调整外币汇兑损益"； 4. 会计期末为了合并会计报表或为了重新修正会计记录和重编会计报表，而把外币计量单位的金额转化为记账本位币计量单位的金额，在此过程中产生的汇兑损益，称为"换算外币汇兑损益"。 企业除了上述四种正常经营期间内发生的一般外币业务汇兑损益以外，还有非正常经营期间发生的汇兑损益和经营期间特殊外币业务发生的汇兑损益。包括企业开办期间收到外币性投资而产生的资本折算差额的汇兑损益；企业筹建期间由于外币收付业务产生的汇兑损益；企业清算期间由于企业各项资产及外币性长短期债权、债务的调整和结算处理而产生的汇兑损益；企业经营期间发生的特殊外币业务，如外币性长期投资、外币性长期负债、外币性的风险规避措施等经济业务也都会产生汇兑损益。 一般认为，只要汇率发生变动，就应在期末确认其汇兑损益实现，而不管其实际的业务是否已经发生。也有人认为，本期汇兑损益的确认，应以实现为准，即实际的外币买入卖出已经发生，外币性的债权、债务在本期已经结算，以此作为确认汇兑损益的依据，未实现的汇兑损益要递延到以后会计期间，即当实际业务发生或已经结算完成后，才能作为已实现汇兑损益，记入该期的损益表。

6101	公允价值变动损益	公允价值变动损益是指一项资产在取得之后的计量，即后续采用公允价值计量模式时，期末资产账面价值与其公允价值之间的差额。是新会计准则下一个全新项目，其对上市公司的净利润与应交所得税的影响需要根据持有期间与处置期间分别确定。 根据新会计准则的有关规定，交易性金融资产的期末账面价值便是其在该时点上的公允价值，与前次账面价值之间的差异，即公允价值变动金额需要计入当期损益。现在财政部、国家税务总局在通知中明确规定在计税时，持有期间的"公允价值变动损益"不予考虑，只有在实际处置时，所取得的价款在扣除其历史成本后的差额才计入处置期间的应纳税所得额，可见交易性金融资产的计税基础仍为其历史成本。 因此，在上市公司持有交易性金融资产期间，当公允价值发生变动时，账面价值与计税基础之间便存在一种"暂时性差异"，只有在实际处置后，该差异才会转回。 例如，投资性房地产、债务重组、非货币交换、金融工具等采用公允价值计量模式的资产期末账面价值与公允价值的差额都要计入该项目，该项目反映了资产在持有期间因公允价值变动而产生的损益。 通过列报公允价值变动损益，利润表全面反映了企业的收益情况，具体分为经营性收益和非经营性收益。投资者能了解企业因公允价值变动而产生的损益是多少及其占企业全部收益的比重，从而更好地进行分析和决策。 另外，原制度下有些特殊业务产生的收益计入资产负债表的所有者权益中但未通过利润表反映，如资产评估增值和债务重组利得等，会出现一些绕过收益表而直接计入资产负债表方面的问题，使资产负债表和利润表失去了内在的逻辑联系。通过列报公允价值变动损益项目，使利润表全面反映了这种收益，也提供了一种协调资产负债表和利润表内在关系的一种方法。 为了与国际会计准则接轨并提高会计信息的相关性，我国新发布的38项会计具体准则中有17项程度不同地运用了公允价值计量属性，涉及影响范围之大是显而易见的，因此有必要在利润表中单独予以列示公允价值变动损益。 期末，应将本科目余额转入"本年利润"科目，结转后本科目无余额。

6111	投资收益	投资收益是指企业进行投资所获得的经济利益。 企业在一定的会计期间对外投资所取得的回报。投资收益包括对外投资所分得的股利和收到的债券利息，以及投资到期收回或到期前转让债权得到的款项高于账面价值的差额等。投资活动也可能遭受损失，如投资到期收回或到期前转让的所得款低于账面价值的差额，即为投资损失。投资收益减去投资损失则为投资净收益。随着企业握有的管理和运用资金权力的日益增大，资本市场的逐步完善，投资活动中获取收益或承担亏损虽不是企业通过自身的生产或劳务供应活动所得，却是企业利润总额的重要组成部分，并且其比重发展呈越来越大的趋势。 从表面上看，尽管企业投资的目的有所不同，但从本质上说，企业考虑的是某项投资能给企业带来多少利润，投资收益是否超过资金成本，否则，这项投资就是无意义、无价值的。 另外，由于"风险反感"（假设两个投资方案的预期收益率相同，而一个风险小些，另一个风险大些，投资者肯定愿意选择前者，这种现象称为风险反感）现象的存在，这就促使投资者在选择高风险项目时的基本条件是必有足够高的预期收益率，风险程度越大，要求的报酬率越高。所以，在结合风险进行投资决策中，与风险程度相对应的投资收益也是衡量投资方案是否可行的一项重要因素。 风险和收益是一对相互联系的概念，一般来说，风险越大，收益越大，不存在收益很大而风险很小的投资对象。一个成功的投资者，需要在风险和收益之间相互平衡，以期在一定的风险下使收益达到较高的水平，或在收益一定的情况下，使风险维持在较低的水平上。 期末，应将本科目余额转入"本年利润"科目，本科目结转后应无余额。
6201	摊回保险责任准备金	摊回保险责任准备金是用于核算企业（再保险分出人）从事再保险业务应向再保险接受人摊回的保险责任准备金，包括未决赔款准备金、寿险责任准备金、长期健康险责任准备金。 企业也可以设置"摊回未决赔款准备金"、"摊回寿险责任准备金"、"摊回长期健康险责任准备金"科目，分别核算应向再保险接受人摊回的未决赔款准备金、寿险责任准备金、长期健康险责任准备金。 本科目应当按照保险责任准备金类别和险种进行明细核算。 期末，应将本科目余额转入"本年利润"科目，结转后本科目无余额。
6202	摊回赔付支出	摊回赔付支出是用于核算企业（再保险分出人）向再保险接受人摊回的赔付成本。 企业（再保险分出人）也可以单独设置"摊回赔款支出"、"摊回年金给付"、"摊回满期给付"、"摊回死伤医疗给付"等科目。 本科目可按险种进行明细核算。 期末，应将本科目余额转入"本年利润"科目，结转后本科目无余额。

6203	摊回分保费用	按我国有关法律法规的规定，保险金额大于一定的数额，必须要向再保险公司分保（这是由保险公司进行的，程序上与个人客户无关，费用也由保险公司承担），以防止出现巨额赔偿时保险公司赔付能力不足而损害普通客户的利益。 向再保险公司分保时，需要向再保险公司支付一定的保费，这要从保险公司的保费收入中摊回。 对于某些大型商业保险，保险公司除自留部分额度，还要进行商业再保险或分保。 通俗地说就是保险公司再为自己保的标的再保一个险，或者分一部分保额给其他公司。 用途是分散和避免大型经营风险。那么，一旦出了赔案，由主承保的保险公司赔款。然后根据再保或分保协议，可以向再保和分保公司摊回摊出去额度的赔款。
6301	营业外收入	营业外收入是指企业发生的与其生产经营无直接关系的各项收入，包括固定资产盘盈、处置固定资产净收益、非货币性交易收益、出售无形资产收益、罚款净收入等。 营业外收入的主要内容： 1. 固定资产盘盈。它指企业在财产清查盘点中发现的账外固定资产的估计原值减去估计折旧后的净值（新准则中计入"以前年度损益"账户）。 2. 处理固定资产净收益。它指处置固定资产所获得的处置收入扣除处置费用及该项固定资产账面净值与所计提的减值准备相抵差额后的余额。 3. 罚款收入。它是指对方违反国家有关行政管理法规，按照规定支付给本企业的罚款，不包括银行的罚息。 4. 出售无形资产收益。它指企业出售无形资产时，所得价款扣除其相关税费后的差额，大于该项无形资产的账面余额与所计提的减值准备相抵差额的部分。 5. 因债权人原因确实无法支付的应付款项。它主要是指因债权人单位变更登记等或撤销等而无法支付的应付款项等。 6. 教育费附加返还款。它是指自办职工子弟学校的企业，在缴纳教育费附加后，教育部门返还给企业的所办学校经费补贴费。 7. 非货币性交易中发生非货币性交易收益（与关联方交易除外）。 8. 企业合并损益。合并对价小于取得可辨认净资产公允价值的差额。 期末，应将"营业外收入"账户的余额转入"本年利润"账户，借记"营业外收入"账户，贷记"本年利润"账户。

续表

6401	主营业务成本	主营业务成本是指公司生产和销售与主营业务有关的产品或服务所必须投入的直接成本，主要包括原材料、人工成本（工资）和固定资产折旧等。"主营业务成本"用于核算企业因销售商品、提供劳务或让渡资产使用权等日常活动而发生的实际成本。"主营业务成本"账户下应按照主营业务的种类设置明细账，进行明细核算。期末，应将本账户的余额转入"本年利润"账户，结转后本账户应无余额。 对于大多数行业主营业务成本是损益表中冲减利润最大的一项，因此需要重点分析把握。投资者首先要明确公司主营业务成本的构成和各部分比例，其次要逐项判断主要成本构成的变化趋势，如对于制造行业而言，人工和折旧成本通常变化不大，原材料和零部件采购成本就是重点分析对象，例如占电缆行业主营成本近2/3的精铜价格即便有10%的波动也会对利润有重大影响。公司可以通过规模效应和内部控制来有效降低主营成本。 期末，应将本科目的余额转入"本年利润"科目，结转后本科目应无余额。
6402	其他业务支出	其他业务支出是指除主营业务以外的其他销售或其他业务所发生的支出，是指企业取得其他业务收入相应发生的成本，"其他业务收入"的对称。包括其他业务的销售成本、提供劳务所发生的相关成本、费用、营业税金及附加等其他业务支出是通过"其他业务支出"科目进行核算的。期末应将"其他业务支出"科目的余额转入"本年利润"科目，结转后，该科目应无余额。"其他业务支出"科目可根据其他业务的种类，分设"材料销售"、"技术转让"、"固定资产出租"、"包装物出租"、"运转业务"等明细科目。期末，"其他业务收入"科目余额减去"其他业务支出"科目余额，即是本期其他业务的净损益额，是构成本期营业利润的重要因素之一。期末，应将本科目余额转入"本年利润"科目，结转后本科目应无余额。
6403	营业税金及附加	2006年新的会计准则中，将"主营业务税金及附加"更改为"营业税金及附加"。 营业税金及附加，是指企业经营活动应负担的相关税费，包括营业税、消费税、城市维护建设税、资源税和教育费附加等。 企业应通过"营业税金及附加"科目，核算企业经营活动相关税费的发生和结转情况。 期末，应将本科目余额转入"本年利润"科目，结转后本科目无余额。
6411	利息支出	利息支出是指临时借款的利息支出。在以收付实现制作为记账基础的前提条件下，所谓支出应以实际支付为标准，即资金流出医疗保险机构，标志着现金、银行存款的减少。就利息支出而言，给个人账户计息，其资金并没有流出医疗保险机构，现金、银行存款并没有减少，因此，给个人医疗账户计息不应作为利息支出列支。 利息支出指企业短期借款利息、长期借款利息、应付票据利息、票据贴现利息、应付债券利息、长期应付引进国外设备款利息等利息支出（除资本化的利息外）减去银行存款等的利息收入后的净额。 期末，应将本科目余额转入"本年利润"科目，结转后本科目无余额。

6421	手续费及佣金支出	手续费支出是指银行在办理金融、保险业务过程中按规定支付给代办单位的手续费。代办保险业务手续费按代办保费收入的规定比例控制使用。此会计科目，为金融企业共用。 期末，应将本科目余额转入"本年利润"科目，结转后本科目无余额。
6501	提取未到期责任准备金	未到期责任准备金（Unearned Premium Reserve）是指在会计年度决算时，对未满期保险单提存的一种准备金制度。之所以规定这种资金准备，是因为保险业务年度与会计年度是不一致的。比如投保人于 10 月 1 日缴付一年的保险费，其中的 3 个月属于本会计年度，余下的 9 个月属于下一个会计年度。这一保险单在下一会计年度的前 9 个月是继续有效的。因此，要在当年收入的保险费中提存相应的部分作为下一年度的保险费收入，作为对该保险单的赔付资金来源。 会计科目中的提取未到期责任准备金，仅用于保险行业的账务处理。 期末，应将本科目余额转入"本年利润"科目，结转后本科目无余额。
6502	提取保险责任准备金	所谓保险责任准备金，是指保险公司为了承担未到期责任和处理未决赔款而从保险费收入中提存的一种资金准备。保险责任准备金不是保险公司的营业收入，而是保险公司的负债，因此保险公司应有与保险责任准备金等值的资产作为后盾，随时准备履行其保险责任。 在会计科目中，提取保险责任准备金只用于保险行业。 期末，应将本科目余额转入"本年利润"科目，结转后本科目无余额。
6511	赔付支出	赔付支出主要指核算企业（保险）支付的原保险合同赔付款项和再保险合同赔付款项。
6521	保单红利支出	保单红利支出是根据原保险合同的约定，按照分红保险产品的红利分配方法及有关精算结果而估算，支付给保单持有人的红利。 期末，应将本科目余额转入"本年利润"科目，结转后本科目无余额。
6531	退保金	生产费用
6541	分出保费	分出保费是指分出分保公司发生分出分保业务时，向分入分保公司支付的保费。 期末，应将本科目余额转入"本年利润"科目，结转后本科目无余额。
6542	分保费用	分保费用是办理初保业务的保险公司向其他保险公司分保险业务，在向对方支付分保费的同时，向对方收取的一定费用，用以弥补保人的费用支出。 根据营业税现行政策规定，保险业的计税营业额为办理初保业务向保户收取的全部保险费，因此，对保险公司取得的摊回分保费用不征收营业税。 期末，应将本科目余额转入"本年利润"科目，结转后本科目无余额。
6601	销售费用	2006 年新的会计准则中，将"营业费用"更改为"销售费用"。 销售费用是指企业在销售产品、自制半成品和工业性劳务等过程中发生的各项费用，包括由企业负担的包装费、运输费、装卸费、展览费、广告费、租赁费（不包括融资租赁费），以及为销售本企业产品而专设的销售机构的费用，包括职工工资、福利费、差旅费、办公费、折旧费、修理费、物料消耗和其他经费。销售费用属于期间费用，在发生的当期就计入当期的损益。 期末，应将本科目余额转入"本年利润"科目，结转后本科目应无余额。

6602	管理费用	管理费用是指企业的行政管理部门为管理和组织经营而发生的各项费用，包括管理人员工资和福利费、公司一级折旧费、修理费、技术转让费、无形资产和递延资产摊销费及其他管理费用（办公费、差旅费、劳保费、土地使用税等）。 管理费用是期间费用的一种，它主要是指企业行政管理部门为组织和管理生产经营活动而发生的各种费用。具体包括的项目有：工资福利费、折旧费、工会费、职工教育经费、业务招待费、房产税、车船使用税、土地使用税、印花税、技术转让费、无形资产摊销、咨询费、诉讼费、坏账损失、公司经费、劳动保险费、董事会会费等。 为了核算和监督管理费用的发生和结转情况，企业应设置"管理费用"科目。该科目的借方登记企业发生的各项管理费用，贷方登记月末转入"本年利润"科目的管理费用，月末一般应无余额。 制造费用和管理费用的区别： 制造费用主要核算企业的车间部门为生产产品和提供劳务发生的各项间接费用。是企业为生产产品和提供劳务而发生的，是产品制造成本的重要组成部分；包括车间工人的工资和福利费、车间折旧费等。 管理费用主要指企业行政管理部门为组织和管理生产经营活动而发生的各项费用。管理费用属于期间费用的一种，是企业为组织和管理经营活动而发生的。
6603	财务费用	财务费用是指企业为筹集生产经营所需资金等而发生的费用，包括利息支出（减利息收入）、汇兑损失（减汇兑收益）以及相关的手续费等。 包括企业生产经营期间发生的利息支出（减利息收入）、汇兑净损失（有的企业如商品流通企业、保险企业进行单独核算，不包括在财务费用中）、金融机构手续费，以及筹资发生的其他财务费用如债券印刷费、国外借款担保费等。 财务费用的具体内容： 1. 利息支出，指企业短期借款利息、长期借款利息、应付票据利息、票据贴现利息、应付债券利息、长期应付引进国外设备款利息等利息支出（除资本化的利息外）减去银行存款等的利息收入后的净额。 2. 汇兑损失，指企业因向银行结售或购入外汇而产生的银行买入、卖出价与记账所采用的汇率之间的差额，以及月度（季度、年度）终了，各种外币账户的外币期末余额按照期末规定汇率折合的记账人民币金额与原账面人民币金额之间的差额等。 3. 相关的手续费，指发行债券所需支付的手续费（需资本化的手续费除外）、开出汇票的银行手续费、调剂外汇手续费等，但不包括发行股票所付的手续费等。 4. 其他财务费用，如融资租入固定资产发生的融资租赁费用等。

6604	勘探费用	勘探费用用于核算企业（石油、天然气开采）核算的油气勘探过程中发生的地质调查、物理化学勘探各项支出和非成功探井等支出。 本科目应当按照勘探活动进行明细核算。 期末，应将本科目余额转入"本年利润"科目，结转后本科目应无余额。
6701	资产减值损失	资产减值是指资产的可收回金额低于其账面价值。 资产减值损失是指企业根据《资产减值准则》等计提各项资产减值准备时，所形成的或有损失。如计提的坏账准备，存货跌价准备和固定资产减值准备等形成的损失。 新会计准则规定资产减值范围主要是固定资产、无形资产以及除特别规定外的其他资产减值的处理。《资产减值准则》改变了固定资产、无形资产等的减值准备计提后可以转回的做法，资产减值损失一经确认，在以后会计期间不得转回，消除了一些企业通过计提秘密准备来调节利润的可能，限制了利润的人为波动。 期末，应将本科目余额转入"本年利润"科目，结转后本科目无余额。
6711	营业外支出	营业外支出是指企业发生的与其生产经营无直接关系的各项支出，如固定资产盘亏、处置固定资产净损失、出售无形资产损失、债务重组损失、计提的固定资产减值准备、计提的无形资产减值准备、计提的在建工程减值准备、罚款支出、捐赠支出、非常损失等。 期末，应将本科目余额转入"本年利润"科目，结转后本科目无余额。
6801	所得税费用	所得税（中国香港称"入息税"，中国大陆、中国台湾，日本和韩国称"所得税"，英文 Income Tax）是税种的一类，按自然人、公司或者法人为课税单位。世界各地有不同的课税率系统，例如有累进税率也有单一平税率多种。 所得税是指国家就法人或个人的所得课征的一类税收。又称所得课税、收益税，指国家对法人、自然人和其他经济组织在一定时期内的各种所得征收的一类税收。 所得税的特点主要是： 第一，通常以纯所得为征税对象。 第二，通常以经过计算得出的应纳税所得额为计税依据。 第三，纳税人和实际负担人通常是一致的，因而可以直接调节纳税人的收入。特别是在采用累进税率的情况下，所得税在调节个人收入差距方面具有较明显的作用。对企业征收所得税，还可以发挥贯彻国家特定政策，调节经济的杠杆作用。 第四，应纳税税额的计算涉及纳税人的成本、费用的各个方面，有利于加强税务监督，促使纳税人建立、健全财务会计制度和改善经营管理。
6901	以前年度损益调整	以前年度损益调整，是指企业对以前年度多计或少计的盈亏数额所进行的调整。以前年度少计费用或多计收益时，应调整减少本年度利润总额；以前年度少计收益或多计费用时，应调整增加本年度利润总额。

二、会计账户

（一）账户的含义

账户是根据会计科目设置的，具有特定格式和结构，用于反映会计要素增减变动情况的载体。

（二）账户的分类

由于账户是根据会计科目设置的，所以分类也与会计科目相一致。

1. 按照会计要素具体内容的详细程度分类

（1）总分类账户，是根据总分类科目设置的。
（2）明细分类账户，是根据明细分类科目设置的。
一般来说，总账账户称为一级账户，以下各级称为明细账户。

2. 按照所反映的经济内容分类

（1）资产类账户：包括流动资产、长期投资、固定资产、无形资产、商誉及其他资产等。
（2）负债类账户：包括流动负债和非流动负债。
（3）所有者权益类账户：包括实收资本、资本公积、盈余公积、本年利润和利润分配等。
（4）成本类账户：包括生产成本和制造费用等。
（5）损益类账户：包括主营业务收入、利息收入、其他业务收入、营业外收入、主营业务成本等。

（三）总分类账户与明细分类账户的基本结构

账户的结构就是账户的格式，一般来说包括以下内容：
（1）名称（会计科目）。
（2）记录经济业务的日期。
（3）依据的记账凭证编号。

（4）经济业务的摘要。

（5）增减（或借贷）的金额。

（6）余额（期初余额和期末余额）。

在我国一般都采用借贷记账法，账户格式如下：

账户名称（会计科目）

年		凭证编号	摘要	借方	贷方	借或贷	余额
月	日						

为了更直观、更方便地说明经济业务发生的情况，在日常的学习中，我们可以把上面的账户简化为"T"形账户，如下图所示：

借方　　　　　　　账户名称（会计科目）　　　　　　　贷方

在借贷记账法下，账户的左方称为"借方"，账户的右方称为"贷方"，而账户的期末余额通常可以用以下公式来计算：

期末余额＝期初余额+本期增加额−本期减少额

（四）总分类账户与明细分类账户的关系

总分类账户与明细分类账户是相辅相成的，两者都是用来提供会计核算指标的，但是总分类账户对其所属的明细分类账户起到控制和统御的作用，而明细分类账户又是总分类账户的补充和说明，所以两者必须并存，相互联系又各司其职。

总分类账和明细分类账所反映的会计事项是相同的，登账时所依据的是同一会计凭证，只是反映的形式不同，两者相互核对才能保证会计信息的完整和准确。

（五）总分类账与明细分类账的平行登记

为了确保核算资料的正确和完整，必须采用平行登记法在总分类账户和明细分类账户之间进行登记。

所谓平行登记就是对发生的每一项经济业务，根据同一会计凭证，在相关的总分类账及明细分类账中进行总括及明细登记。其登记的原则又可以概括为：同期、同方向、同金额。

1. 同期

这里是指在同一会计期间内，对发生的每一项经济业务，都要记入本期总账和明细账中。

2. 同方向

在这里并不是指相同的记账方向，而是指相同的变动方向。

例如：原材料的明细账，设置栏目为收入、发出、结存，与原材料总账中的借、贷、余额就不相同，但是原材料收入记借方，发出记贷方，这就是相同的变动方向，即同方向登记。

再如期间费用，明细账一般只设置借方，为借方多栏明细账，所以总分类账中贷方金额应该用红色笔登记在明细账中，这样总账和明细账的记账方向就不同了，但是总的变动方向是相同的。

3. 同金额

同金额是指经济业务记入总分类账中的金额应该与一个或几个明细分类账中的金额合计数相等。

（六）账户与会计科目的区别和联系

账户与会计科目之间虽有着密切的联系，但却是两个不同的概念。

会计科目是账户的名称，而账户则有结构、格式。会计科目就相当于是一个名字，一种便于人们称呼的方式，账户才真正可以反映出经济业务的内容、金额、余额等具体情况，是一项重要的会计资料。

换言之，没有账户，会计科目就无法发挥作用；没有会计科目，账户的设置就没有了依据。在实际工作中，账户与会计科目是相辅相成的，是通用的。

三、记账方法

上述讲到了账户的含义及作用，账户的开设就是为了记账的方便，但是怎样将经济业务记录到账户中，这就需要一定的记账方法。记账方法一般可以分为单式记账法和复式记账法。

（一）单式记账法

单式记账法由于不能全面、客观地反映经济业务的发生情况，所以一般只需了解概念，在实际工作中不予采纳。例如：用银行存款购买一台设备，价值10000元。在单式记账法下，只在"银行存款"账户中记录减少10000元，但不在"固定资产"账户中反映购入固定资产这一业务，所以对于经济业务的记录并不完整，故单式记账法一般不被采用。

（二）复式记账法

复式记账法恰好克服了单式记账法的缺点，对于每一笔经济业务，它都会在两个或两个以上的账户中进行登记。例如：企业用现金30000元给职工发工资，在复式记账法下，在"现金"账户中记录现金减少了30000元，同时在"应付职工薪酬"账户中登记应付工资减少30000元，这样的登记结果可以清楚反映企业的这一项经济业务，资金从哪来，用途是什么。

也正是因为复式记账法可以全面、系统地反映经济业务的过程和结果，而且有利于对账中的记录结果进行试算平衡，所以被公认为是一种科学的记账方法。我国的复式记账法有：借贷记账法、增减记账法和收付记账法。经过实践之后，只有借贷记账法被普遍采用，而另外两种记账方法被实践所淘汰，因此我国的《会计准则》中规定中国境内的所有企业都要采用借贷记账法。

幽默学会计：比较单式记账法与复式记账法

民国五年六月，咸亨酒店发生以下业务，试比较两种记账方法的处理：

经济业务	单式记账法	复式记账法
1日，购进一批茴香豆，支付货款铜板500文。	只记现金减少500文	须记原材料增加500文； 同时记现金减少500文。
3日，购进一批黄酒，货款800文，打欠条延期一个月支付。	不作账务处理	须记原材料增加800文； 同时记应付账款增加800文。
9日，阿Q来店消费两碗黄酒和一碟茴香豆，收到货款50文。酒和豆的成本为30文。	只记现金增加30文	须记现金增加50文； 同时记营业收入增加50文； 须记营业成本增加30文； 同时记原材料减少30文。
14日，孔乙己来店消费一碗酒和一碟豆，账单30文暂欠。酒和豆的成本为10文。	不作账务处理； 可在店内挂一牌子，上书"孔乙己欠30文"作备查记录	须记应收账款增加30文； 同时记营业收入增加30文； 须记营业成本增加10文； 同时记原材料减少10文。 注：期末还需要对应收账款计提坏账准备。
25日，赵贵翁娶三姨太来店摆婚宴，共消费1000文，已收款。营业成本为600文。	只记现金增加1000文	须记现金增加1000文； 同时记营业收入增加1000文； 须记营业成本增加600文； 同时记原材料减少600文。
月末计算当月利润	530文（1000文+30文-500文）	440文（50文-30文+30文-10文+1000文-600文）

四、借贷记账法

（一）借贷记账法的含义及其产生

借贷记账法就是建立在"资产=负债+所有者权益"这一会计等式的基础上的，以"有借必有贷，借贷必相等"为记账原则，以"借"和"贷"为记账符号的一种复式记账法。

借贷记账法起源于 12 世纪的意大利，这一时期西方的封建社会开始瓦解，资本主义开始萌芽。在商品交换过程中，为了适应资本家的需要，产生了"借"和"贷"这一对看似矛盾的经济关系。而此时的借贷只表示资本家自身资金的借入和贷出，即债权债务关系。但是随着商品经济的发展，经济内容日益复杂化，"借"、"贷"二字也失去了原有的意义，转化为一种反映经济业务变化的记账符号。

15 世纪，意大利数学家卢卡·巴其阿勒从理论上阐述了借贷记账法，建立了复式记账的基本方程式：

一个人所有财物=其一人所有权总值

到了 16 世纪，借贷记账法已遍及欧洲，借贷记账法从近代会计著作问世到现代已有 500 年的历史，被众多国家所采用。

我国运用借贷记账法开始于 1908 年的大清银行创办之时，1930 年国民党政府推行借贷簿记法的统一办法，从此，借贷记账法成为我国工商业、银行业采用的记账方法之一。

我国 1992 年 11 月 30 日颁布的《企业会计准则》规定，自 1993 年 7 月 1 日起，我国所有的企业全部采用借贷记账法。

（二）借贷记账法的特点与结构

1. 借贷记账法的特点

（1）以"借"、"贷"为记账符号。"借"、"贷"作为一对矛盾体总是同时出现，而且针对不同的会计要素又有着不同的"增"、"减"意义，可以概括出经济业务的变化。

（2）以"有借必有贷，借贷必相等"作为记账原则。也就是说，在记入一个账户借方的同时，以相等的金额记入另一个或多个账户的贷方，使每一笔经济业务的"借"、"贷"双方都保持金额上的相等。

（3）在借贷记账法下，除了设置常规的账户之外，还可以设置一些双重性质的账户，如"其他往来"等，这些账户性质不固定，只可以从余额来判断，如果余额在借方则为资产类账户，如果余额在贷方则为负债类账户。

2. 借贷记账法下账户的基本结构

在借贷记账法下，通常将账户分为：资产类账户、负债类账户、所有者权益类账户、收入类账户、费用类账户和利润类账户。

账户的基本结构如下图所示：

借方	账户名称（会计科目）	贷方

账户分为借贷两方，习惯上所有账户都是左边为借方，右边为贷方，但究竟哪一方为增加额，哪一方为减少额，主要取决于账户的性质。

下面，我们来详细介绍各类账户的结构：

（1）资产类账户的特点和结构。特点：借方记录增加额，贷方记录减少额，期初期末余额都记录在借方。

资产类账户结构图如下（" *** "代表金额）：

借方		资产类账户		贷方
期初余额	***			
本期增加的发生额	***	本期减少的发生额		***
本期增加的发生额合计	***	本期减少的发生额合计		***
期末余额	***			

资产类账户的期末余额计算公式如下：

资产类账户期末余额＝期初余额+本期借方发生额−本期贷方发生额

（2）负债类账户的特点和结构。特点：借方记录减少额，贷方记录增加额，期初期末余额都记录在贷方。

负债类账户结构图如下（"∗∗∗"代表金额）：

借方	负债类账户		贷方
	期初余额		∗∗∗
本期减少的发生额 ∗∗∗	本期增加的发生额		∗∗∗
本期减少的发生额合计 ∗∗∗	本期增加的发生额合计		∗∗∗
	期末余额		∗∗∗

负债类账户的期末余额计算公式如下：

负债类账户期末余额＝期初余额－本期借方发生额＋本期贷方发生额

（3）所有者权益类账户的特点和结构。特点：借方记录减少额，贷方记录增加额，期初期末余额都记录在贷方。

所有者权益类账户结构图如下（"∗∗∗"代表金额）：

借方	所有者权益类账户		贷方
	期初余额		∗∗∗
本期减少的发生额 ∗∗∗	本期增加的发生额		∗∗∗
本期减少的发生额合计 ∗∗∗	本期增加的发生额合计		∗∗∗
	期末余额		∗∗∗

权益类账户期末余额的计算公式如下：

权益类账户期末余额＝期初余额－本期借方发生额＋本期贷方发生额

（4）收入类账户的特点和结构。特点：借方记录减少额，贷方记录增加额，期末余额在贷方。期末将全部余额结转至"本年利润"账户的贷方，所以收入类账户一般没有期末余额。

收入类账户结构图如下（"∗∗∗"代表金额）：

借方	收入类账户		贷方
本期减少或转销发生额 ***	本期增加发生额		***
本期减少或转销发生额合计 ***	本期增加发生额合计		***
	余额结转"本年利润"贷方 ***		

收入类账户余额计算公式如下：

收入类账户余额＝贷方本期发生额－借方本期发生额

（5）费用类账户的特点和结构。费用类账户也称为成本费用类账户，其特点是：借方记录成本费用增加额，贷方记录减少额，期初期末余额在借方。期末余额一般从收入总额中抵减，所以转销后无余额。

费用类账户的结构图如下（"***"代表金额）：

借方	费用（成本）类账户		贷方
本期增加发生额 ***	本期减少发生额		***
本期增加发生额合计 ***	本期减少发生额合计		***
期末余额 ***			

费用类账户期末余额计算公式如下：

费用类账户期末余额＝本期借方发生额－本期贷方发生额

（6）利润类账户的特点和结构。特点：贷方记录利润的增加额，借方记录减少额。余额若在贷方，则说明企业盈利，余额若在借方，则说明企业亏损。

为了计算的准确性，一般设置"本年利润"账户，账户的借方登记由费用类账户转来的企业本会计期间内发生的全部费用支出；贷方登记由收入类账户转来的企业本会计期间内发生的全部收入总额，通过对比即可知道本会计期间内企业的盈亏情况。

利润类账户的结构图如下（"***"代表金额）：

借方	本年利润账户	贷方
由费用类账户转入额 ***	由收入类账户转入额	***
本期发生额合计 ***	本期发生额合计	***
期末余额（亏损） ***	期末余额（利润）	***

下面，我们来概括一下借贷记账法下各类账户的结构：

借方	账户名称（会计科目）	贷方
资产类账户增加	资产类账户减少	
负债类账户减少	负债类账户增加	
所有者权益类账户减少	所有者权益类账户增加	
收入类账户减少	收入类账户增加	
费用类账户增加	费用类账户减少	

总而言之，对于每一个账户来说：

（1）期初余额只能在账户的一方。

（2）如果期初余额和期末余额的方向相同，表明账户性质未变；如果期初余额和期末余额的方向相反，则表明账户性质改变。例如："应收账款"属于资产类账户，期初余额和期末余额一般都在借方，表示它的性质还是资产类，但是期末余额若在贷方，则表示企业多收了款项，所以多收的这部分就变为了预收账款，"预收账款"为负债类账户，此时账户的性质发生了改变。

（3）收入、费用类账户一般期末都结转入利润类账户，所以一般无期初、期末余额。

（三）借贷记账法的记账规则

借贷记账法的记账规则为"有借必有贷，借贷必相等"，就是说同一笔经济业务都必须在两个或两个以上账户的借贷双方同时登记，并且金额必须相等。

例如：某公司 2013 年 8 月发生如下经济业务：

（1）8 月 2 日，购入一批原材料，货款 20000 元，未付。

该项经济业务属于资产类账户和负债类账户同时增加的业务。公司账户中"原材料"增加 20000 元，同时"应付账款"也增加了 20000 元。"原材料"

为资产类账户，增加记借方；"应付账款"为负债类账户，增加记贷方，所以登记入账应为：

借方	应付账款	贷方		借方	原材料	贷方
	期末余额	70000		期初余额	50000	
	①	20000	⟵⟶	①	20000	

（2）8月6日，该公司获得投资人追加投资 80000 元，存入银行。

该业务属于所有者权益和资产同时增加的业务，使公司账户中"实收资本"增加 80000 元，同时"银行存款"增加 80000 元，实收资本为所有者权益类账户，增加记贷方，银行存款为资产类账户，增加记借方，所以登记入账应为：

借方	实收资本	贷方		借方	银行存款	贷方
	期末余额	20000		期初余额	150000	
	②	80000	⟵⟶	②	80000	

（3）8月13日，该公司以银行存款支付所欠购入原材料的款项，共计 20000 元。

该项经济业务属于资产和负债同时减少的业务，使得公司账户中"应付账款"减少 20000 元，同时"银行存款"减少 20000 元；"应付账款"属于负债类账户，减少记借方，"银行存款"属于资产类账户，减少记贷方，所以登记入账应为：

借方	银行存款		贷方		借方	应付账款		贷方
期初余额	150000						期初余额	70000
②	80000	③	20000	⟵⟶	③	20000	①	20000

（4）8月20日该公司购入生产设备一台，价值70000元，用银行存款支付。

该项经济业务属于一项资产增加，另一项资产减少的业务，使得公司账户中"银行存款"减少70000元，同时，"固定资产"增加了70000元，两者都属于资产类账户，减少记贷方，增加记借方，所以登记入账应为：

借方	银行存款	贷方		借方	固定资产	贷方
期初余额 150000				期初余额 300000		
②	80000	③ 20000				
		④ 70000	←→	④		70000

（5）8月27日，所欠账款50000元到期需偿还，但公司现在无法支付，向银行借入短期借款50000元用于归还前欠账款。

该项经济业务属于一项负债增加，另一项负债减少的业务。其中"应付账款"减少50000元，"短期借款"增加50000元，两者都属于负债类账户，增加记贷方，减少记借方，所以登记入账应为：

借方	短期借款	贷方		借方	应付账款	贷方
	期初余额	50000			期初余额	70000
				③ 20000	①	20000
⑤		70000	←→	⑤ 70000		

（6）按照法定程序减少注册资本100000元，用银行存款向所有者支付。

该项经济业务属于资产和所有者权益同时减少的业务，其中"实收资本"减少了100000元，银行存款减少了100000元，"实收资本"属于所有者权益类账户，减少记借方，"银行存款"属于资产类账户，减少记贷方，所以登记入账应为：

借方	银行存款	贷方		借方	实收资本	贷方
期初余额 150000					期初余额 200000	
② 80000	③	20000			②	80000
	④	70000				
	⑥	100000	⟷	⑥ 100000		

（7）以盈余公积 60000 元向所有者分配利润。

该项经济业务属于负债增加，所有者权益减少的业务，"应付利润"增加 60000 元，"盈余公积"减少 60000 元，"应付利润"属于负债类账户，增加记贷方，"盈余公积"属于所有者权益类账户，减少记借方，所以登记入账应为：

借方	应付利润	贷方		借方	盈余公积	贷方
					期初余额 100000	
	⑦	60000	⟷	⑦ 60000		

（8）经批准，企业用盈余公积 20000 元转增资本。

该项经济业务属于一项所有者权益减少，另一项所有者权益增加的业务。"盈余公积"减少了 20000 元，"实收资本"增加了 20000 元，两者均属于所有者权益类账户，增加记贷方，减少记借方，所以登记入账应为：

借方	实收资本	贷方		借方	盈余公积	贷方
	期初余额	20000			期初余额 100000	
	②	80000				
⑥ 100000	⑦	60000		⑦ 60000		
	⑧	20000	⟷	⑧ 20000		

（9）经批准企业将发行的 40000 元应付债券转为实收资本。

该项经济业务属于一项负债减少，一项所有者权益增加的业务。"应付债券"减少了 40000 元，"实收资本"增加了 40000 元，"应付债券"属于负债类账户，减少记借方，"实收资本"属于所有者权益类账户，增加记贷方，所以登记入账应为：

借方	实收资本	贷方		借方	应付债券	贷方
		期初余额 20000				期初余额 80000
⑥ 100000		② 80000				
		⑧ 20000				
		⑨ 40000	←→	⑨ 40000		

（四）借贷记账法的会计分录

1. 会计分录的概念

会计分录简称分录，是按照复式记账的要求，对每项经济业务列示出应借、应贷的账户名称及金额的一种记录。会计分录主要包括会计科目、记账符号和金额三个部分，在会计实务中，会计分录登记在会计凭证上。

2. 会计分录的分类

会计分录一般分为简单会计分录和复合会计分录两种。

（1）简单会计分录。简单会计分录指的是只涉及两个账户，也就是一借一贷的会计分录，即借方是一个账户，贷方是另一个账户。这种会计分录对应关系明确、清晰。

（2）复合会计分录。复合会计分录是指涉及账户数量在两个以上，也就是一借多贷、一贷多借或者多借多贷的会计分录，也就是说账户之间不再是一对一的借贷关系，而是几个账户与另几个账户之间的对应关系。这种会计分录可以全面、集中地反映经济业务的全貌。但是，不能把几项经济业务合起来做一个分录，而是要每一项经济业务逐笔做分录。

3. 会计分录的编制步骤

（1）分析经济业务所涉及的会计账户种类。一项经济业务发生后，首先要看它所涉及的会计账户是资产类、负债类、所有者权益类，还是收入类、费用类。

（2）确定该项经济业务所涉及的是哪些账户，是增加还是减少。例如，是资产类账户中的银行存款，该账户的金额是增加了还是减少了。

（3）确定应记入哪些账户的借方，哪些账户的贷方。

（4）确定借贷账户是否正确，金额是否相等。

我们再以某公司 2013 年 8 月的业务为例，则可以做出如下会计分录：

①借：原材料   20000
  贷：应付账款   20000

②借：银行存款   80000
  贷：实收资本   80000

③借：应付账款   20000
  贷：银行存款   20000

④借：固定资产   70000
  贷：银行存款   70000

⑤借：应付账款   50000
  贷：短期借款   50000

⑥借：实收资本   100000
  贷：银行存款   100000

⑦借：盈余公积   60000
  贷：应付利润   60000

⑧借：盈余公积   20000
  贷：实收资本   20000

⑨借：应付债券   40000
  贷：实收资本   40000

以上会计分录都是一借一贷的情况，下面举例说明复合会计分录。

例如，某公司 2013 年 9 月发生如下经济业务：

①该公司收到一批原材料，价值 80000 元，由银行存款支付 70000 元，余款用现金支付。则会计分录应为：

借：原材料   80000
  贷：银行存款   70000
    现金   10000

②该公司用银行存款偿还到期的短期借款 40000 元，同时支付借款利息 200 元。会计分录应为：

借：短期借款   40000
  财务费用   200

贷：银行存款　　　　　　　　　　　　　　　　　　40200

通过以上例题我们可知，无论是哪种类型的会计分录，编制步骤都是相同的，必须正确地编制会计分录，这样才能为账簿记录、财务报表的正确性提供基础保障。

（五）借贷记账法的试算平衡

试算平衡是根据借贷记账法的记账规则和"资产＝负债+所有者权益"的会计等式来检查账户的记录是否正确的一种方法。分为发生额试算平衡法和余额试算平衡法。

1. 发生额试算平衡法

发生额试算平衡法是根据账户的本期借贷方发生额的合计关系，检验对本期发生额的记录是否正确的方法。其公式为：

全部账户本期借方发生额合计＝全部账户本期贷方发生额合计

根据上面的例题，我们可以编制该公司 8 月发生的 9 笔业务的发生额试算平衡表：

本期发生额试算平衡表

2013 年 8 月 31 日

会计科目	本期发生额	
	借方	贷方
银行存款	②80000	④70000；⑥100000
原材料	①20000	③20000
固定资产	④70000	
应付账款	③20000；⑤50000	①20000
应付利润		⑦60000
短期借款		⑤50000
应付债券	⑨40000	
实收资本	⑥100000	②80000；⑧20000；⑨40000
盈余公积	⑦60000；⑧20000	
合　计	460000	460000

2. 余额试算平衡法

余额试算平衡法是运用会计等式，根据本期所有账户的借方余额合计等于所有账户的贷方余额合计的关系，来检验本期的账户记录是否正确的方法。此方法又可以分为两类，即期初余额平衡法和期末余额平衡法。其公式为：

全部账户的借方期初余额合计＝全部账户的贷方期初余额合计

全部账户的借方期末余额合计＝全部账户的贷方期末余额合计

承接上面的例题，该公司 8 月的期初余额如下表：

有关账户 8 月期初余额试算平衡表

会计科目	本期发生额	
	借方	贷方
银行存款	150000	
原材料	50000	
固定资产	300000	
应付账款		70000
应付利润		
短期借款		50000
应付债券		80000
实收资本		200000
盈余公积		100000
合　计	500000	500000

期末余额试算平衡表

2013 年 8 月 31 日

会计科目	期初余额		期末余额	
	借方	贷方	借方	贷方
银行存款	150000		60000	
原材料	50000		50000	
固定资产	300000		370000	
应付账款		70000		20000
应付利润				60000
短期借款		50000		100000

会计科目	期初余额		期末余额	
	借方	贷方	借方	贷方
应付债券		80000		40000
实收资本		200000		240000
盈余公积		100000		20000
合　计	500000	500000	480000	480000

以上就是余额试算平衡法。通常，在实际工作中，余额的试算平衡通过编制试算平衡表来进行。我们常用的试算平衡表如下：

试算平衡表

2013 年 8 月 31 日

会计科目	期初余额		本期发生额		期末余额	
	借方	贷方	借方	贷方	借方	贷方
银行存款	150000		80000	170000	60000	
原材料	50000		20000	20000	50000	
固定资产	300000		70000		370000	
应付账款		70000	70000	20000		20000
应付利润				60000		60000
短期借款		50000		50000		100000
应付债券		80000	40000			40000
实收资本		200000	100000	140000		240000
盈余公积		100000	80000			20000
合　计	500000	500000	460000	460000	480000	480000

编制试算平衡表需要注意的是：

（1）必须保证所有账户的余额、发生额都已记入试算平衡表。

（2）如借贷双方不相等，必须认真查找账户记录，直到借贷平衡为止。

（3）即使实现了以上的平衡关系，也并不说明账户记录一定正确，以下几种错误就不会影响账户的平衡关系：

1）漏记某项经济业务；

2）重复登记某项经济业务；

3）某项经济业务记错账户；

4）某项经济业务颠倒了账户的借贷方向；

5）借贷发生额中发生多记少记相互抵消的现象。

第五天　建账方法

　　建账是会计工作的初始，只有根据企业自身的情况建立起完整、适用的账簿才能更好地为日后的会计工作服务，建账是会计记账的基础和前提。

一、建账知识概述

（一）建账的含义

　　建账是指新建单位和原有单位在年度开始时，会计人员均应根据核算工作的需要设置应用账簿，即"建账"。

（二）建账的基本程序

　　（1）按照需用的各种账簿的格式要求，预备各种账页，并将活页的账页用账夹装订成册。

　　（2）会计账簿在启用时应当在上面注明账簿名称和单位名称，并在账簿的扉页上附启用表。启用表如下图所示，应当填制完整，不得涂改或刮擦，并加盖单位公章及相关人员的印鉴，在更换记账人员时，应当办理相关的交接手续，并在启用表中注明交接日期，并由相关人员签章。使用活页式账簿时，应按账户顺序编号，并定期装订成册，装订后按实际的账页顺序编号，另加目录、记录账户名称及页次。

账簿名称：   单位名称：
账簿编号：   账簿册数：
账簿页数：   启用时间：
会计主管：   记账人员：

交接日期			交接人		交接日期			接管人		会计主管	
年	月	日	姓名	签章	年	月	日	姓名	签章	姓名	签章

（3）按照会计科目表的顺序、名称，在总账账页上建立总账账户，并根据总账账户明细核算的要求，在各个所属明细账户上建立二、三级明细账户。原有单位在年度开始建立各级账户的同时，应将上年账户余额结转过来。

（4）启用订本式账簿，应从第一页起到最后一页止按顺序编定号码，不得跳页、缺号；使用活页式账簿，应按账户顺序编本户页次号码。各账户编列号码后，应填"账户目录"，将账户名称页次登入目录内，并粘贴索引纸（账户标签），写明账户名称，以便于检索。

（三）建账基准日的确定

建账基准日应以公司成立日即营业执照签发日或营业执照变更日为准，由于会计核算以年度、季度、月进行分期核算，实际工作中，一般以公司成立当月末或下月初为基准日。如果公司设立之日是月度中的某一天，一般以下一个月的月初作为建账基准日。

（四）建账的依据

企业建立新账的依据应以经合法中介机构审验评估的审计报告、资产评估报告（须经有关部门确认或备案）、验资报告为基础，通过评估调整（资产评估机构的评估报告，并经有关部门确认的资产评估基准日评估价值与资产评估基准日的账面价值的差额调整）和会计调整（资产评估基准日与会计建账基准日之间的会计账项调整）后的财务账项作为建账依据。

（五）建账的基本要求

1. 建账是法律和法规的基本要求

建账主要是指会计账册，亦称会计账簿，也可以理解为其主体为会计账簿。会计账册是记录会计核算的载体，建账是会计工作得以开展的基础环节。为此，我国有关法律、法规对建账问题做出了明确规定。《会计法》规定："各单位按照国家统一的会计制度的规定设置会计科目和会计账簿。"《中外合作经营企业法》第十五条和《外资企业法》第十四条也规定："企业必须在中国境内设置会计账簿，依照规定报送会计报表，并接受财政税务机关的监督。"《公司法》第一百八十一条规定："公司除法定的会计账册外，不得另立会计账册。"《税收征收管理法》第十二条规定："从事生产、经营的纳税人、扣缴义务人按照国务院财政、税务主管部门的规定设置账簿，根据合法、有效凭证记账，进行核算。个体工商户确实不能设置账簿的，经税务机关核准，可以不设置账簿。"《税收征收管理法实施细则》第十七条规定，"从事生产、经营的纳税人应当依照税收征管法第十二条规定，自领取营业执照之日起十五日内设置账簿"；第十八条规定，"生产经营规模小又确无建账能力的个体工商户，可以聘请注册会计师或者经税务机关认可的财会人员代为建账和办理账务；聘请注册会计师或者经税务机关认可的财会人员有实际困难的，经县以上税务机关批准，可以按照税务机关的规定，建立收支凭证粘贴簿、进货销货登记簿等"。

综上所述，国家机关、社会团体、企业、事业单位和符合建账条件的个体工商户以及其他经济组织应当建立会计账册的问题，在我国有关法律、法规中一再得到强调并有明确的规定。《规范》第三十六条从会计基础工作的需要出发再次规定："各单位应当按照《中华人民共和国会计法》和国家统一会计制度的规定建立会计账册，进行会计核算，及时提供合法、真实、准确、完整的会计信息。"

2. 依法建账是加强经营管理的客观需要

依法建账册，不仅是国家法律的强制要求，也是加强单位经营管理的客观需要。建立会计账册当然首先是一项非常重要的会计基础工作。只有借助会计账册，才能进行会计信息的收集、整理、加工、储存和提供；也只有通过会计账册，才能连续、系统、全面、综合地反映单位的财务状况和经营成果。而依赖会计账册提供的信息，能从本质上揭示出一个单位各个环节、各类经济活动的基本状况和存在问题，使经营管理者比较全面地了解和掌握经营情况，及时采取必要的措施弥补不足，克服困难，改善经营管理。所以，建立会计账册也应该是单位自身的需要。即使是对那些在法律和法规中没有明确要求其建账的单位（虽然这样的单位很少也很小），只要它们有经营活动，特别是有盈利性的经营活动，也会有随时了解经营情况、计算经营成果的实际需要，也就有建立会计账册的必要。

建立会计账册会有增加成本费用和需要具备必要的人力资源的问题，但同建立会计账册能为加强经营管理所带来的利益相比，还是值得的。当然，这并不是说，不分单位大小、业务多少，都要按统一的规格、档次去建立会计账册。正如建立会计账册的需求也来自经营管理的实际需要一样，会计账册具体怎样建立，应当在法律、法规的范围内，由单位根据自己的实际需要来确定。

3. 依法建账方面现存的问题

根据法律法规的规定和经营管理的实际需要，各单位应当建立会计账册，已如前述。但《规范》第三十六条就建立会计账册的问题再次做出规定，还是因为在建立会计账册方面目前在一定的范围内并在相当的程度上存在比较混乱的情况，法律法规上的有关要求在有的单位得不到应有的贯彻执行，表现在：有的单位根本没有账，好一点的还保存原始单据，形成所谓的"包包账"、"捆捆账"，有的单位虽有账而账目不全，有的单位则是账外有账，将所发生的经济业务视需要在两本账之间分流，还有的单位公然做假账。相对来说，在建立会计账册方面，私营企业、乡镇企业、农村经济组织和个体工商户的问题比较突出。这已成为一段时间以来会计工作中一个突出的薄弱环节。《国务院关于整顿会计工作秩序进一步提高会计工作质量的通知》提出的要进行重点整顿的五个问题中，第一个就是"按照国家规定应当建账而没有建账，或者账目严重混乱的"。根据国务院《关于批转国家税务总局加强个体私营经济税收征管强化查账征收工作意见的通知》，国家税务局于 1997 年 6 月 19 日印发了《个体工商户建账管理暂行办法》（以下简称《办法》）。《办法》要求，从事生产经营并有固定经营场所的个体工商户按该《办法》的规定，建立、使用、保管账簿和凭证，但依法批准可以不设置账簿或者暂缓建账的个体工商户除外。《办法》还要求，现行税收征管中按定期定额征收税款的私营企业、各类名为国有或集体实为个体或私营的企业、个人承包或租赁的企业，应按《企业会计准则》、《企业财务通则》以及其他有关财务会计制度设置账簿。

（六）建账时要注意的问题

在建账时都要首先考虑以下问题：

（1）与企业相适应。企业规模与业务量是成正比的，规模大的企业，业务量大，分工也复杂，会计账簿需要的册数也多。企业规模小，业务量也小，有的企业，一个会计可以处理所有经济业务，设置账簿时就没有必要设许多账，所有的明细账合成一两本就可以了。

（2）依据企业管理需要。建立账簿是为了满足企业管理需要，为管理提供有用的会计信息，所以在建账时以满足管理需要为前提，避免重复设账、记账。

（3）依据账务处理程序。企业业务量大小不同，所采用的账务处理程序也不同。企业一旦选择了账务处理程序，也就选择了账簿的设置，如果企业采用的是记账凭证账务处理程序，企业的总账就要根据记账凭证序时登记，因而要准备一本序时登记的总账。

不同的企业在建账时所需要购置的账簿是不相同的，总体而言要依企业规模、经济业务的繁简程度、会计人员多少，采用的核算形式及电子化程度来确定。

但无论何种企业，都存在货币资金核算问题，现金和银行存款日记账都必须设置。另外还需设置相关的总账和明细账。

当一家企业刚成立时，一定要去购买现金和银行存款账簿及相关账页，需说明的是明细账有许多账页格式，在选择时要选择好所需要的格式的账页，如借贷余三栏式、多栏式、数量金额式等，然后根据明细账的多少选择所需要的封面和装订明细账用的账钉或线。

另外，建账初始，必须要购置的还有记账凭证。如果该企业现金收付业务较多，在选择时就可以购买收款凭证、付款凭证、转账凭证；如果企业收付业务量较少购买记账凭证（通用凭证）、记账凭证封面、记账凭证汇总表、记账凭证装订线、装订工具。为报表方便还应购买空白资产负债表、利润表（损益表）、现金流量表等相关会计报表。

二、新企业的建账流程

新企业建账的基本流程：

建账必须按照《中华人民共和国会计法》和国家统一会计制度的规定设置会计账簿，包括总账、明细账、日记账等。

（一）设置总账

（1）总账是根据一级会计科目开设的账簿，用来分类登记企业的全部经济业务，提供资产、负债、所有者权益、费用、收入和利润等总括的核算资料。

（2）总账的格式采用三栏式，外表形式一般应采用订本式账簿。

（二）设置明细账

（1）明细账通常根据总账科目所属的明细科目设置，用来分类登记某一类经济业务，提供有关的明细核算资料。

（2）明细账的格式主要有三栏式、数量金额式和多栏式，企业应根据财产物资管理的需要选择明细账的格式。

（3）明细账的外表形式一般采用活页式。明细账采用活页式账簿，主要是使用方便，便于账页的重新排列和记账人员的分工，但是活页账的账页容易散失和被随意抽换。因此，使用时应按顺序编号并装订成册，注意妥善保管。

（三）设置日记账

（1）日记账又称序时账，是按经济业务发生时间的先后顺序逐日、逐笔进行登记的账簿。根据财政部《会计基础工作规范》的规定，各单位应设置现金日记账和银行存款日记账，以便逐日核算和监督现金及银行存款的收入、付出和结存情况。

（2）现金日记账和银行存款日记账。

1）现金日记账和银行存款日记账的账页一般采用三栏式，即借方、贷方和余额三栏。

2）账簿的外表形式必须采用订本式。现金和银行存款是企业流动性最强的资产，为保证账簿资料的安全、完整，财政部《会计基础工作规范》第五十七条规定："现金日记账和银行存款日记账必须采用订本式账簿。不得用银行对账单或者其他方法代替日记账。"

三、建账方法

（一）货币资金核算建账方法

货币资金是指企业拥有的现金、银行存款和其他货币资金。其中，现金是指企业库存的现金，包括库存的人民币和外币。银行存款是指企业存入银行和其他金融机构的各种款项；其他货币资金是指企业的外埠存款、银行汇票存款、银行本票存款、信用卡存款、信用保证金存款、存出投资款等各种货币资金。

为进行货币资金的核算，企业应建账目如下：

1. 总账

建"现金"、"银行存款"和"其他货币资金"等总账。

2. 日记账

建"现金"、"银行存款"日记账。

3. 明细账

(1) 建三栏式"其他货币资金"明细账，按其种类设置户名。

(2) 建三栏式"现金"、"银行存款"明细账，在存在外币业务的企业按币种设置户名。

（二）结算资产核算建账方法

结算资产亦即应收及预付款项。为进行其核算，企业应建账目如下：

1. 总账

建"应收账款"、"应收票据"、"预付账款"、"其他应收款"、"坏账准备"、"应收股利"、"应收利息"等总账。

2. 明细账

(1) 建三栏式"应收账款"、"应收票据"、"预付账款"明细账，按往来单位设置户名。

(2) 建三栏式或横线登记式"其他应收款"明细账，可设置备用金、存出保证金、应收赔款和罚款、代垫代扣款项等户名。

(3) 建三栏式"坏账准备"明细账，可设置应收账款、其他应收款等户名。

(4) 建三栏式"应收股利"明细账，按股权投资类别或投资单位设置户名。

(5) 建三栏式"应收利息"明细账，按债券投资类别或债务人设置户名。

其他应收款——备用金明细账

年		凭证号	摘要	借方			年		凭证号	摘要	贷方			余额
月	日			原借	补付	合计	月	日			报销	退回	合计	

（三）存货核算建账方法

存货是指企业或商家在日常活动中持有以备出售的原料或产品，处在生产过程中的在产品，在生产过程或提供劳务过程中耗用的材料、物料等，销售存仓等。存货区别于固定资产等非流动资产的最基本的特征是：企业持有存货的最终的目的是为了出售，不论是可供直接销售，如企业的产成品、商品等；还是需经过进一步加工后才能出售，如原材料等。

为正确进行存货的核算，企业应建账目如下：

1. 总账

建"原材料"、"材料采购"（计划成本法下）、"在途物资"（实际成本法下）、"周转材料"（或者分设为"低值易耗品"和"包装物"）、"库存商品"、"材料成本差异"、"自制半成品"、"发出商品"、"委托加工物资"、"商品进销差价"（零售企业）、"存货跌价准备"等总账。

2. 明细账

（1）建数量金额式的"原材料"、"库存商品"、"发出商品"、"自制半成品"等明细账，按相应存货的品名或类别设置户名。

（2）建数量金额式的"周转材料"（或者分设为"低值易耗品"和"包装物"），应按周转材料的种类设置户名。如果出租、出借包装物采用五五摊销法计算摊销价值，则还应设置"库存未用包装物"、"库存已用包装物"、"出租包装物"、"出借包装物"、"包装物摊销"五个明细科目进行明细分类核算；若低值易耗品采用"五五摊销法"，则应设置"在库低值易耗品"、"在用低值易耗品"和"低值易耗品摊销"三个明细科目。

（3）建三栏式或者横线登记式的"材料采购"或者"在途物资"明细

账，可按照供应单位或者物资类别或品种设置户名。

（4）存货按计划成本核算的制造业需建三栏式"材料成本差异"明细账，可按单项存货的名称或者存货的类别设置户名。

（5）零售企业需建三栏式"商品进销差价"明细账，可按商品存货的品名或者类别设置户名。

（6）建三栏式"委托加工物资"明细账，应按加工合同和委托加工单位设置明细科目，反映加工单位名称、加工合同号数、发出加工物资的名称、数量、发生的加工费用和运杂费，退回剩余物资的数量、实际成本，以及加工完成物资的实际成本等资料信息。

（7）建三栏式"存货跌价准备"明细账，可按单项存货或存货类别设置户名。

原材料明细分类账

类别：　　　　　　　　　　　　　　　　　　　　　　　　　计划单价：

品名或规格：　　　　　　　　　　　　　　　　　　　　　储备定额：

存放地点：　　　　　　　　　　　　　　　　　　　　　　计量单位：

年		凭证号	摘要	收　入			发　出			结　存		
月	日			数量	单价	金额	数量	单价	金额	数量	单价	金额

（四）对外投资核算建账方法

对外投资具体包括交易性金融资产、可供出售金融资产、持有至到期投资和长期股权投资。

为正确进行对外投资核算，企业应建账目如下：

1. 总账

建"交易性金融资产"、"可供出售金融资产"、"持有至到期投资"、"长期股权投资"、"持有至到期投资减值准备"、"长期股权投资减值准备"等总账。

2. 明细账

（1）建三栏式"交易性金融资产"明细账户，下设"成本"与"公允价值变动"两个明细项目。

（2）建三栏式"持有至到期投资"明细账户，下设"成本"、"利息调整"和"应计利息"（针对到期一次收回本息的债权投资而设）等户名。对于到期还本分期计息的债券投资的利息，直接通过"应收利息"账户核算。

（3）建三栏式"可供出售金融资产"明细账户，下设"成本"、"利息调整"、"应计利息"和"公允价值变动"等户名。其中，"应计利息"的设置与运用跟持有至到期投资相同。

（4）建三栏式"长期股权投资"明细账户。在成本法核算下，按被投资单位设置明细科目；在权益法核算下，按被投资单位建二级账，再下设"成本"、"损益调整"和"其他权益变动"等明细科目。

（5）建三栏式"持有至到期投资减值准备"、"长期股权投资减值准备"明细账户。

（五）固定资产核算建账方法

固定资产是指企业为生产产品、提供劳务、出租或者经营管理而持有的、使用时间超过 1 年的，单位价值达到一定标准的非货币性资产，包括房屋、建筑物、机器、机械、运输工具以及其他与生产经营活动有关的设备、器具、工具等。固定资产是企业的劳动资料，也是企业赖以生产经营的主要资产。

为正确进行固定资产核算，企业应建账目如下：

1. 总账

建"固定资产"、"在建工程"、"工程物资"、"累计折旧"、"固定资产清理"、"固定资产减值准备"等总账。

2. 明细账

（1）建"固定资产"明细账，只核算固定资产原值的变动。固定资产可设生产经营用固定资产、非生产经营用固定资产、经营租出固定资产、未使用固定资产、不需用固定资产、融资租入固定资产、土地七个二级账户，再在二级账户下按单项固定资产建立卡片明细账。

固定资产卡片的格式一般如表 1、表 2 所示。

表 1　固定资产卡片（正面）

形式		停用记录						
制造国家		原因	日期	原因	日期	原因	日期	备注
制造厂商								
制造日期								
制造号码								
使用年限								
购置日期								
原值								
其中：安装费				大修记录				
净残值率				日期	凭证号	摘要		金额
折旧	年	月						
折旧额								

表 2　固定资产卡片（背面）

附属物品	名称	规格	数量	设备变动	安装地址		用途	变动年月
部件备品	名称	规格	数量	单价	最大外形	长	厘米	清理记录
						宽	厘米	清理日期
						高	厘米	累计折旧额
								清理费用
						总重量	公斤	变价收入
会计科长		动力设备科长			复核		登记	设卡日期

固定资产卡片一般一式两份，一份由使用部门登记保管，另一份由财会部门保管。

为防止固定资产卡片丢失，固定资产管理部门还应设立"固定资产卡片登记簿"，逐一登记卡片的开设和注销情况。固定资产卡片登记簿的格式如表3所示。

表 3　固定资产卡片登记簿

卡片编号	固定资产项目		开设		卡片所在部门	注销	
	编号	名称及编号	日期	凭证名称及编号		日期	凭证名称及编号

（2）建三栏式"在建工程"明细账，按照工程项目设置"建筑工程"、"安装工程"、"在安装设备"、"技术改造工程"、"大修理工程"和"其他支出"等明细科目。

（3）建三栏式"工程物资"明细账，应设置"专用材料"、"专用设备"、"预付大型设备款"和"为生产准备的工具及器具"等明细科目。

（4）建三栏式"累计折旧"明细账，明细设置跟固定资产保持一致。

（5）建三栏式"固定资产清理"明细账，应按照被清理的固定资产设置明细账，进行明细分类核算。

（6）建三栏式"固定资产减值准备"明细账，跟固定资产明细账设置保持一致。

3. 备查账

设置"经营租入固定资产登记簿"。

（六）无形资产核算建账方法

无形资产（Intangible Assets）是指企业拥有或者控制的没有实物形态的可辨认非货币性资产。具体内容包括：专利权、商标权、非专利技术、著作权、特许经营权和土地使用权。

为正确进行无形资产核算，企业应建账目如下：

1. 总账

建"无形资产"、"研发支出"、"累计摊销"、"无形资产减值准备"等总账。

2. 明细账

（1）建三栏式"无形资产"明细账户，按其种类设置户名进行明细分类核算。

（2）建三栏式"累计摊销"明细账，明细设置跟无形资产保持一致。

（3）建三栏式"研发支出"明细账，下设"资本化支出"和"费用化支出"两个明细科目。

（4）建三栏式"无形资产减值准备"明细账，跟无形资产明细账设置保持一致。

（七）投资性房地产核算建账方法

投资性房地产是指为赚取租金或资本增值，或两者兼有而持有房地产，其特点是应当能够单独计量和出售。投资性房地产主要包括：已出租的土地使用权、持有并准备增值后转让的土地使用权及已出租的建筑物。自用房地产和作为存货的房地产均不属于投资性房地产。

投资性房地产核算有两种计量模式：账面价值模式和公允价值模式。账面价值模式下的建账和核算跟固定资产和无形资产类似；公允价值模式下的建账和核算与交易性金融资产类似。为正确进行投资性房地产核算，企业应建账目如下：

1. 账面价值模式下，企业应建账目如下

（1）总账：建"投资性房地产"、"投资性房地产累计折旧"、"投资性房地产累计摊销"、"投资性房地产减值准备"等总账。

（2）明细账：建"投资性房地产"、"投资性房地产累计折旧"、"投资性房地产累计摊销"、"投资性房地产减值准备"等明细账，明细设置与固定资产和无形资产相应账户方法一致。

2. 公允价值模式下，企业应建账目如下

（1）总账：建"投资性房地产"总账。

（2）明细账：建三栏式"投资性房地产"明细账，下设"成本"与"公允价值变动"两个明细项目。

（八）其他资产核算建账方法

其他资产是指前面建账中没包含在内的资产，主要有长期待摊费用、长期应收款、递延所得税资产、待处理财产损溢等。

为正确进行核算，企业应建账目如下：

1. 总账

建"长期待摊费用"、"长期应收款"、"未实现融资收益"、"递延所得税资产"、"待处理财产损溢"等总账。

2. 明细账

（1）建三栏式"长期待摊费用"明细账。该科目应按费用的种类设置明细账，进行明细核算，并在会计报表附注中按照费用项目披露其摊余价值，摊销期限、摊销方式等。

（2）建三栏式"长期应收款"和"未实现融资收益"明细账，其中后者账户是前者账户的备抵调整账户。两者明细账设置应该一致，均按债务人设置明细项目。

（3）建三栏式"递延所得税资产"明细账。本科目应当按照可抵扣暂时性差异等项目进行明细核算。

（4）建三栏式"待处理财产损溢"明细账。本科目应当设置"待处理流动资产损溢"和"待处理固定资产损溢"两个明细项目。

（九）　生产费用核算建账方法

生产费用是指在企业产品生产的过程中，发生的能用货币计量的生产耗费，也就是企业在一定时期内产品生产过程中消耗的生产资料的价值和支付的劳动报酬之和。制造产品时消耗的活劳动和物化劳动的货币表现的总和，叫作生产费用。生产费用的对象化就构成产品成本，也就是说生产费用是构成产品成本的基础。

为正确进行生产费用以及产品成本的核算，企业应建账目如下：

1. 总账

建"生产成本"、"制造费用"、"劳务成本"（提供劳务的企业设置）等总账。

2. 明细账

（1）建多栏式"生产成本"明细账。本科目应设置"基本生产成本"和"辅助生产成本"两个明细科目。"基本生产成本"科目用以核算生产产品的基本生产车间发生的费用，"辅助生产成本"科目用以核算动力、修理、运输等为生产服务的辅助生产车间发生的费用。"基本生产成本"明细科目应按照基本生产车间和成本核算对象（例如，产品的品种、类别、订单、批别、生产阶段等）设置多栏式明细账，并按规定的成本项目设置专栏。"辅助生产成本"明细科目应按辅助生产提供的劳务和产品（例如，动力、修理、运输、自制工具、自制材料等）为成本计算对象，设置多栏式明细账，并按规定的成本项目设置专栏进行明细分类核算。

企业根据需要也可将"生产成本"科目分设为"基本生产成本"和"辅助生产成本"两个总分类科目，分别核算基本生产成本和辅助生产成本。

（2）建多栏式"制造费用"明细账。该科目应按车间、部门设置多栏式明细账；按费用项目设置专栏进行明细分类核算。

（3）建三栏式"劳务成本"明细账。该科目应按提供劳务的项目设置明细科目。

（十）流动负债核算建账方法

流动负债也叫短期负债，是指将在1年（含1年）或者超过1年的一个营业周期内偿还的债务，包括短期借款、应付票据、应付账款、预收账款、应付职工薪酬、应付股利、应付利息、应交税费、其他应付款、预计负债等。

为正确进行流动负债的核算，企业应建账目如下：

1. 总账

建"短期借款"、"应付票据"、"应付账款"、"预收账款"、"应付职工薪酬"、"应付股利"、"应付利息"、"应交税费"、"其他应付款"、"预计负债"等总账。

2. 明细账

（1）建三栏式"短期借款"明细账。该科目可按贷款的用途设置明细项目。

（2）建三栏式"应付票据"、"应付账款"、"预收账款"明细账。均按往来单位设置明细项目。

（3）建三栏式"应付股利"、"应付利息"明细账。分别按股东和债权人设置明细项目。

（4）建三栏式"应付职工薪酬"明细账。该科目应按薪酬的种类设置明细项目，具体包括工资、福利、社会保险费、住房公积金、非货币性福利、工会经费、职工教育经费、辞退福利等。

（5）建三栏式"应交税费"明细账。该科目应按税费的种类设置明细项目。

（6）建三栏式"其他应付款"明细账。本账户应按应付、暂收款项的类别设置明细账户。

（7）建三栏式"预计负债"明细账。本科目可按形成预计负债的交易或事项进行明细核算。

（十一）长期负债核算建账方法

流动负债之外的负债即为长期负债，具体包括长期借款、应付债券、长期应付款、递延所得税负债等。

为正确进行长期负债的核算，企业应建账目如下：

1. 总账

建"长期借款"、"应付债券"、"长期应付款"、"未确认融资费用"、"递延所得税负债"等总账。

2. 明细账

（1）建三栏式"长期借款"明细账。该科目可按贷款的用途设置二级账户，二级账下面再设"本金"和"利息调整"项目来进行明细核算。

（2）建三栏式"长期应付款"和"未确认融资费用"明细账，其中后者账户是前者账户的备抵调整账户。两者明细账设置应该一致，均按债权人设置明细项目。

（3）建三栏式"应付债券"明细账。该科目可设"本金"、"利息调整"和"应计利息"（到期还本分期付息债券）等项目来进行明细核算。

（4）建三栏式"递延所得税负债"明细账。本科目应当按照应纳税暂时性差异等项目进行明细核算。

（十二）所有者权益核算建账方法

所有者权益是指企业资产扣除负债后由所有者享有的剩余权益。包括实收资本（或股本）、资本公积、盈余公积和未分配利润。

为正确进行所有者权益的核算，企业应建账目如下：

1. 总账

建"实收资本（或股本）"、"库存股"、"资本公积"、"盈余公积"、"本年利润"和"利润分配"等总账。

2. 明细账

（1）建三栏式"实收资本（或股本）"明细账。该科目按投资者或股东设置明细项目。

（2）建三栏式"资本公积"明细账。该科目分设"资（股）本溢价"和"其他资本公积"两个项目进行明细核算。

（3）建三栏式"盈余公积"明细账。该科目分设"法定盈余公积"和"任意盈余公积"两个项目进行明细核算。

（4）建三栏式"利润分配"明细账。该科目具体可设"未分配利润"、"盈余公积转入"、"提取法定盈余公积"、"提取任意盈余公积"、"向投资者分派利润（股利）"、"转作资（股）本的利润（股利）"等项目进行明细核算。

（5）"库存股"和"本年利润"一般不设明细账，不进行明细核算。

（十三）损益核算建账方法

计算损益的科目具体包括收入类科目、费用类科目；在期末（月末、季末、年末）这类科目累计余额需转入"本年利润"账户，结转后这些账户的余额应为零。具体包括：主营业务收入、其他业务收入、投资收益、公允价值变动损益等收入类科目；主营业务成本、其他业务成本、资产减值损失、营业税金及附加、销售费用、管理费用、财务费用、所得税费用等费用类科目；营业外收入，即为直接计入当期利润的利得；营业外支出，即为直接计入当期利润的损失。

为正确进行损益的核算，企业应建账目如下：

1. 总账

建"主营业务收入"、"其他业务收入"、"投资收益"、"公允价值变动损益"、"主营业务成本"、"其他业务成本"、"资产减值损失"、"营业税金及附加"、"销售费用"、"管理费用"、"财务费用"、"所得税费用"、"营业外收入"、"营业外支出"、"以前年度损益调整"等总账。

2. 明细账

（1）建多栏式（收入类别较多时）或三栏式（收入类别较少时）收入利得类明细账，具体包括"主营业务收入"、"其他业务收入"、"投资收益"、"公允价值变动损益"、"营业外收入"等。该类科目均按收入利得的类别设明细项目进行核算。

（2）建多栏式（费用类别较多时）或三栏式（费用类别较少时）费用损失类明细账，具体包括"主营业务成本"、"其他业务成本"、"资产减值损失"、"营业税金及附加"、"销售费用"、"管理费用"、"财务费用"、"所得税费用"、"营业外支出"等。该类科目均按费用损失的类别设明细项目进行核算。

管理费用明细分类账

年		凭证号	摘要	借　　方							
月	日			职工薪酬费	办公费	差旅费	折旧费	修理费	工会经费	……	合计

（3）建三栏式"以前年度损益调整"明细账。本科目主要调整的是以前年度的重要差错，以及资产负债表日后事项，作为损益类项目的过渡性科目，其余额最终转入"利润分配——未分配利润"科目。该调整金额不体现在本期利润表上，而是体现在未分配利润中。可按被调整的损益类账户的名称设置明细项目核算。对于追溯业务不多的企业也可以不进行明细核算。

第六天 会计做账

会计做账是指会计对日常发生的经济业务做出会计分录的行为，对于会计工作而言是最核心的一项工作，贯穿于会计工作的始终，甚至可以说会计的日常工作中80%就是做账，但是怎样把账做好，准确无误地提供给管理者会计信息，确实是一个很值得研究的知识点。第六天，我们就来详细讲解做账的具体方法。

一、货币资金的做账分录

（一）现金与银行存款的做账

1. 企业日常收进现金或银行存款时

借：现金、银行存款
　　贷：相关科目

2. 企业日常付出现金或银行存款时

借：相关科目
　　贷：现金、银行存款

（二）其他货币资金的做账

其他货币资金是指企业除现金和银行存款以外的其他各种货币资金，即存放地点和用途均与现金和银行存款不同的货币资金。包括外埠存款、银行汇票存款、银行本票存款、信用证存款、信用卡存款和在途货币资金等。

1. 外埠存款的做账

外埠存款是指企业到外地进行临时或零星采购时，汇往采购地银行开立采购专户的款项。汇出款项时，须填列汇款委托书，加盖"采购资金"字样。除采购员差旅费可以支取少量现金外，一律转账，该采购专户只付不收。

（1）企业将款项委托当地银行汇往采购地开立专户时。

借：其他货币资金——外埠存款

　　贷：银行存款

（2）收到采购员交来供应单位发票账单等报销凭证时。

借：材料采购、原材料、库存商品等

　　应交税费——应交增值税（进项税额）

　　　贷：其他货币资金——外埠存款

（3）完成采购任务，将多余的外埠存款转回当地银行时，应根据银行的收款通知。

借：银行存款

　　贷：其他货币资金——外埠存款

2. 银行本（汇）票存款的做账

（1）企业填写"银行本（汇）票申请书"、将款项交存银行时。

借：其他货币资金——银行本（汇）票

　　贷：银行存款

（2）企业持银行本（汇）票购货、收到有关发票账单时。

借：材料采购、原材料、库存商品

　　应交税费——应交增值税（进项税额）

　　　贷：其他货币资金——银行本（汇）票

（3）企业收到银行本（汇）票、填制进账单到开户银行办理款项入账手续时。

借：银行存款

　　贷：主营业务收入

　　　　应交税费——应交增值税（销项税额）

3. 信用卡存款的做账

（1）企业向信用卡专户存入款项时。

借：其他货币资金——信用卡存款

　　贷：银行存款

（2）企业用信用卡购物或支付有关费用时。

借：有关科目

　　贷：其他货币资金——信用卡存款

（3）企业信用卡在使用过程中，向其账户续存资金。

借：其他货币资金——信用卡存款

　　贷：银行存款

二、结算资产的做账分录

（一）应收账款的做账

应收账款指企业因销售商品、产品或提供劳务等原因，应向购货客户或接受劳务的客户收取的款项，包括买价、增值税款及代购货单位垫付的包装费、运杂费等。

1. 企业销售商品发生应收账款时

借：应收账款（价款+税款+代垫运费）

　　贷：主营业务收入/其他业务收入

　　　　应交税费——应交增值税（销项税额）

　　　　银行存款

2. 应收账款收回时

借：银行存款

　　财务费用（发生现金折扣时）

　　贷：应收账款

【例】某公司销售一批产品，按价目表标明的价格计算，金额为30000元，由于是成批销售，销货方给购货方10%的商业折扣，金额为3000元，销货方应收账款的入账金额为27000元，适用增值税率为17%，做会计分录如下：

借：应收账款　　　　　　　　　　　　　　　　　31590

　　　贷：主营业务收入　　　　　　　　　　　　　27000

　　　　　应交税费——应交增值税（销项税额）　　4590

收到货款时做会计分录如下：

　　借：银行存款　　　　　　　　　　　　　　　31590

　　　贷：应收账款　　　　　　　　　　　　　　　31590

【例】某公司销售一批产品给 A 公司，价值 20000 元，规定的现金折扣条件为：2/10，1/20，n/30，适用的增值税率为 17%，产品交付并办妥托收手续，做会计分录如下：

　　借：应收账款　　　　　　　　　　　　　　　23400

　　　贷：主营业务收入　　　　　　　　　　　　　20000

　　　　　应交税费——应交增值税（销项税额）　　3400

如果上述货款在 10 天内收到，做会计分录如下：

　　借：银行存款　　　　　　　　　　　　　　　22932

　　　财务费用　　　　　　　　　　　　　　　　468

　　　贷：应收账款　　　　　　　　　　　　　　　23400

如果上述货款在 20 天内收到，做会计分录如下：

　　借：银行存款　　　　　　　　　　　　　　　23166

　　　财务费用　　　　　　　　　　　　　　　　234

　　　贷：应收账款　　　　　　　　　　　　　　　23400

如果超过了现金折扣的最后期限，收到货款，做会计分录如下：

　　借：银行存款　　　　　　　　　　　　　　　23400

　　　贷：应收账款　　　　　　　　　　　　　　　23400

（二）应收票据的做账

　　应收票据是企业持有的、尚未到期兑现的商业汇票。商业汇票根据承兑人的不同，分为由付款人承兑的商业承兑汇票和由银行承兑的银行承兑汇票。商业汇票根据支付本息额的不同，又可以分为带息票据和不带息票据。带息票据指到期时，根据票据面值和利率收取本息的票据。不带息票据是指到期时，根据票据面值收款的票据。

1. 企业销售商品收到商业汇票时

　　借：应收票据

　　　贷：主营业务收入/其他业务收入

应交税费——应交增值税（销项税额）

2. 企业收到应收票据以抵偿应收账款时

借：应收票据
　　贷：应收账款

3. 带息商业汇票期末计息时

借：应收利息
　　贷：财务费用

4. 应收票据到期收回款项时

借：银行存款
　　贷：应收票据

5. 应收票据到期无法收回款项时

借：应收账款
　　贷：应收票据

6. 应收票据贴现时

借：银行存款（贴现所得额）
　　财务费用【贴现所得额>（面值+已计提利息）】
　　贷：应收票据（面值）
　　　　应收利息（贴现之前已计提利息）
　　　　财务费用【贴现所得额<（面值+已计提利息）】

贴现的基本内容

企业收到商业汇票，如在票据未到期前需要提前取得资金，可以持未到期的商业汇票向银行申请贴现。贴现是指企业将未到期的商业汇票经过背书，交给银行，银行受理后，从票面金额中扣除按银行的贴现率计算确定的贴现息后，将余额付给贴现企业。票据贴现实质上是一种融通资金的行为。在贴现中，企业给银行的利息称为贴现息，所用的利率称为贴现率，票据到期值与贴现息之差称为贴现所得。

> 计算公式如下：
>
> 贴息＝票据到期值×贴现率×贴现期
>
> 贴现所得＝票据到期值－贴息
>
> 其中，带息应收票据的到期值，是其面值加上按票据载明的利率计算的票据全部期间的利息；不带息应收票据的到期值就是其面值。

【例】某上市公司于4月1日将2月1日开出并承兑的面值为100000元、年利率8%，5月1日到期的商业承兑汇票向银行贴现，贴现率为10%，则贴现息和贴现所得计算如下：

带息票据到期值＝100000×（1+8%×90/360）＝102000（元）

贴息＝102000×10%×30/360＝850（元）

贴现所得＝102000－850＝101150（元）

借：银行存款 101105

贷：应收票据 100000

财务费用 1150

（三）预付账款的做账

1. 企业预付货款时

借：预付账款

贷：银行存款

2. 收到所购物品，根据发票账单等列明的金额

借：材料采购

应交税费——应交增值税（进项税额）

贷：预付账款

3. 补付货款差额时

借：预付账款

贷：银行存款

4. 退回多付的货款时

借：银行存款

　　　　贷：预付账款

5. 预计交易无法发生且预付账款收回可能性不大时

借：其他应收款

　　　　贷：预付账款

（四）其他应收款的做账

1. 一般核算

（1）企业发生其他各种应收、暂付款项时。

借：其他应收款

　　　　贷：相关科目

（2）收回或转销各种款项时。

借：现金/银行存款

　　　　贷：其他应收款

2. 差旅费的核算

（1）职工因公出差前预借差旅费时。

借：其他应收款

　　　　贷：银行存款/现金

（2）职工出差归来报销差旅费时。

借：管理费用/销售费用

　　　现金（实际报销额低于预借经费）

　　　　贷：其他应收款

　　　　　现金（实际报销额高于预借经费）

3. 定额备用金的核算

（1）向实施定额备用金制度部门拨付定额款项时。

借：其他应收款——备用金

　　　　贷：银行存款

（2）部门定期报销时。

借：管理费用/销售费用

　　　　贷：银行存款

（3）调增定额备用金额度时。

借：其他应收款——备用金

　　贷：银行存款

（4）调减定额备用金额度时。

借：银行存款

　　贷：其他应收款——备用金

（5）撤销定额备用金额度时。

借：银行存款

　　贷：其他应收款——备用金

（五）坏账损失的做账

企业对坏账损失的核算，采用备抵法。在备抵法下，企业每期末要估计坏账损失，设置"坏账准备"账户。备抵法是指采用一定的方法按期（至少每年末）估计坏账损失，提取坏账准备并转作当期费用。实际发生坏账时，直接冲减已计提坏账准备，同时转销相应的应收账款余额的一种处理方法。

1. 首次计提坏账准备时（算多少，提多少）

借：资产减值损失

　　贷：坏账准备

2. 连续期期末计提坏账准备时（算多少，保留多少）

（1）若计算应提数大于计提前坏账准备账户贷方余额时，按差额补提。

借：资产减值损失

　　贷：坏账准备

（2）若计算应提数小于计提前坏账准备账户贷方余额时，按差额冲减。

借：坏账准备

　　贷：资产减值损失

3. 确认坏账损失时

借：坏账准备

　　贷：应收账款/其他应收款

4. 已核销坏账又收回来时

借：应收账款/其他应收款

    贷：坏账准备

同时，

  借：银行存款

    贷：应收账款/其他应收款

【例】藏龙企业 2013 年末应收账款余额为 800000 元，企业根据风险特征估计坏账准备的提取比例为应收账款余额的 4%。2014 年发生坏账 40000 元，该年末应收账款余额为 980000 元。2015 年发生坏账损失 30000 元，上年冲销的账款中有 20000 元本年度又收回。该年度末应收账款余额为 600000 元。假设坏账准备科目在 2013 年初余额为 0。

要求：计算各年提取的坏账准备并编制会计分录。

解：（1）2013 年应提坏账准备 = 800000×4% = 32000（元）。

根据上述计算结果应编制如下会计分录：

  借：资产减值损失   32000

    贷：坏账准备   32000

2014 年发生坏账损失时，应编制如下会计分录：

  借：坏账准备   40000

    贷：应收账款   40000

（2）2014 年末计提坏账前坏账准备账户的余额为：40000 − 32000 = 8000（借方）。

而要使坏账准备的余额为贷方 980000×4% = 39200（元），则 2014 年应提坏账准备为 39200+8000 = 47200（元）（贷方）。

根据上述计算结果，应编制如下会计分录：

  借：资产减值损失   47200

    贷：坏账准备   47200

（3）2015 年发生坏账损失时，应编制如下的会计分录：

  借：坏账准备   30000

    贷：应收账款   30000

2015 年收回已冲销的应收账款时，应编制如下会计分录：

  借：应收账款   20000

    贷：坏账准备   20000

  借：银行存款   20000

    贷：应收账款   20000

2015 年末计提坏账前坏账准备的金额为 39200（2015 年坏账准备账户期

末余额）-30000+20000＝29200（元）（贷方）。

而要使坏账准备的余额为贷方600000×4%＝24000（元）（贷方），则应冲销坏账准备29200-24000＝5200（元），即2015年应提坏账准备-5200元。

根据上述计算结果，应编制如下会计分录：

借：坏账准备　　　　　　　　　　　　　　　　　5200

　　贷：资产减值损失　　　　　　　　　　　　　　　　5200

三、存货的做账分录

（一）原材料的做账

1. 原材料按实际成本法做账

（1）原材料购入时，分三种情况做账。

1）收到结算凭证的同时将材料验收入库时（即单货同到）。

借：原材料

　　应交税费——应交增值税（进项税额）

　　贷：银行存款、预付账款等

2）结算凭证先到，材料后入库时（即先单后货）。

①收到单据时。

借：在途物资

　　应交税费——应交增值税（进项税额）

　　贷：应付账款、银行存款、预付账款、应付票据等

②收到材料时。

借：原材料

　　贷：在途物资

3）材料先验收入库、结算凭证后到（即先货后单）。

①此情况平时不处理，月末单据仍未到时按暂估价入库处理。

借：原材料

　　贷：应付账款——暂估应付账款

②下月初，做相反的会计分录予以冲回（或用红字分录冲销）。

借：应付账款——暂估应付账款

　　贷：原材料

③单据收到时。

借：原材料

　　应交税费——应交增值税（进项税额）

　　　贷：银行存款、预付账款等

（2）原材料发出时。

借：生产成本、制造费用、管理费用、销售费用等

　　贷：原材料

2. 原材料按计划成本法做账

（1）原材料购入时，分三种情况做账。

1）收到结算凭证的同时将材料验收入库时（单货同到）。

借：材料采购

　　应交税费——应交增值税（进项税额）

　　　贷：银行存款、预付账款等

同时，

借：原材料

　　材料成本差异（超支差异）

　　　贷：材料采购

　　　　材料成本差异（节约差异）

2）结算凭证先到，材料后入库时（即先单后货）。

①收到单据时。

借：材料采购

　　应交税费——应交增值税（进项税额）

　　　贷：应付账款、银行存款、预付账款、应付票据等

②收到材料时。

借：原材料

　　材料成本差异（超支差异）

　　　贷：材料采购

　　　　材料成本差异（节约差异）

3）材料先验收入库、结算凭证后到（先货后单）。

①此情况平时不处理，月末单据仍未到时按计划成本入库处理。

借：原材料（计划成本）

　　贷：应付账款——暂估应付账款

②下月初，做相反的会计分录予以冲回（或用红字分录冲销）。

借：应付账款——暂估应付账款

　　贷：原材料

③单据收到时。

借：材料采购

　　应交税费——应交增值税（进项税额）

　　贷：银行存款、预付账款等

同时，

借：原材料

　　材料成本差异（超支差异）

　　贷：材料采购

　　　　材料成本差异（节约差异）

（2）原材料发出时。

1）平时发出材料时。

借：生产成本、制造费用、管理费用、销售费用等

　　贷：原材料

2）月末计算并结转发出材料成本差异时。

①结转超支差异时。

借：生产成本、制造费用、管理费用、销售费用等

　　贷：材料成本差异

②结转节约差异时（做相反的会计分录）。

借：材料成本差异

　　贷：生产成本、制造费用、管理费用、销售费用等

（二）低值易耗品的做账

1. 一次摊销法下的做账

（1）低值易耗品购入时，与原材料的做账基本相同。

（2）低值易耗品领用时。

借：制造费用、管理费用等

　　贷：低值易耗品

（3）低值易耗品报废时。

借：原材料（残料作价入库）

　　库存现金、银行存款（残料变卖收入）

　　贷：制造费用、管理费用等

2. 五五摊销法下的做账

（1）低值易耗品购入时，与原材料的做账基本相同，但需设置并登记"在库"明细账。

（2）低值易耗品领用时。

①先做移库处理。

借：低值易耗品——在用

　　贷：低值易耗品——在库

②成本摊销一半的处理。

借：制造费用、管理费用等

　　贷：低值易耗品——摊销

（3）低值易耗品报废时。

借：原材料（残料作价入库）

　　库存现金、银行存款（残料变卖收入）

　　制造费用、管理费用等

　　低值易耗品——摊销

　　贷：低值易耗品——在用

（三）包装物的做账

1. 一次摊销法下的做账

（1）包装物购入时，与原材料的做账基本相同。

（2）生产领用包装物时。

借：生产成本、制造费用等

　　贷：包装物

（3）随同产品出售单独计价时。

借：银行存款等

　　贷：其他业务收入

　　　　应交税费——应交增值税（销项税额）

借：其他业务成本

　　贷：包装物

（4）随同产品出售不单独计价时。

借：销售费用

　　贷：包装物

（5）包装物出租时。

借：其他业务成本

　　贷：包装物

（6）包装物出借时。

借：销售费用

　　贷：包装物

（7）包装物报废时。

借：原材料（残料作价入库）

　　库存现金、银行存款（残料变卖收入）

　　贷：其他业务成本、销售费用等

2. 五五摊销法下的做账

（1）包装物购入时，与原材料的做账基本相同，但需设置并登记"在库"明细账。

（2）包装物生产领用、随同产品出售时，与一次摊销法下一致。

（3）包装物出租时。

①先做移库处理。

借：包装物——出租

　　贷：包装物——在库

②成本摊销一半的处理。

借：其他业务成本

　　贷：包装物——摊销

（4）包装物出借时。

①先做移库处理。

借：包装物——出借

　　贷：包装物——在库

②成本摊销一半的处理。

借：销售费用

　　　　贷：包装物——摊销

（5）出租、出借包装物收回时。

借：包装物——在库

　　　贷：包装物——出租/出借

（6）包装物报废时。

借：原材料（残料作价入库）

　　　库存现金、银行存款（残料变卖收入）

　　　其他业务成本、销售费用等

　　　包装物——摊销

　　　贷：包装物——在库/出租/出借

（四）委托加工物资的做账

1. 发出委托加工用的材料物资时

借：委托加工物资

　　　贷：原材料

2. 支付加工费用时

借：委托加工物资

　　　应交税费——应交增值税（进项税额）

　　　贷：银行存款

3. 支付往返运费时

借：委托加工物资

　　　贷：银行存款

4. 收回委托加工物资时

（1）不属于应税消费品时。

借：原材料/库存商品/包装物/低值易耗品

　　　贷：委托加工物资

（2）属于应税消费品时。

①如果收回物资用途为商品准备直接对外销售，则：

借：库存商品

　　贷：委托加工物资

　　　　银行存款（缴纳的消费税税额）

②如果收回物资用途为材料准备继续加工，则：

借：原材料

　　应交税费——应交消费税

　　贷：委托加工物资

　　　　银行存款（缴纳的消费税税额）

（五）生产费用的做账

1. 发生直接材料费用时

借：生产成本——基本生产成本——××产品（直接材料）

　　贷：原材料

2. 发生直接人工费用时

借：生产成本——基本生产成本——××产品（直接人工）

　　贷：应付职工薪酬

3. 发生辅助生产费用时

借：生产成本——辅助生产成本

　　贷：原材料、应付职工薪酬等

4. 发生间接费用时

借：制造费用——××车间

　　贷：原材料、应付职工薪酬、累计折旧等

5. 分配辅助生产费用时

借：制造费用——××车间

　　管理费用

　　销售费用

　　贷：生产成本——辅助生产成本

6. 分配间接费用时

借：生产成本——基本生产成本——××产品（制造费用）

贷：制造费用——××车间

7. 结转完工产品成本时

借：库存商品
    贷：生产成本——基本生产成本——××产品（直接材料）
        生产成本——基本生产成本——××产品（直接人工）
        生产成本——基本生产成本——××产品（制造费用）

（六）存货跌价损失的做账

1. 期末计提存货跌价准备时

借：资产减值损失
    贷：存货跌价准备

2. 转回存货跌价准备时

借：存货跌价准备
    贷：资产减值损失

3. 已计提存货跌价准备的存货发出时

借：生产成本、制造费用、管理费用、主营业务成本等
    存货跌价准备
    贷：原材料、库存商品等

四、固定资产的做账分录

（一）购入固定资产的做账

1. 购入不需安装直接达到预定使用状态的固定资产时

借：固定资产
    应交税费——应交增值税（进项税额）
    贷：银行存款等

2. 购入需安装才能达到预定使用状态的固定资产时

（1）在购进并安装过程中发生各种支出时。
借：在建工程
　　应交税费——应交增值税（进项税额）
　　贷：银行存款、应付职工薪酬等
（2）工程安装完毕达到预定使用状态时。
借：固定资产
　　贷：在建工程

（二）自行建造固定资产的做账

（1）购进工程物资时。
借：工程物资
　　应交税费——应交增值税（进项税额）
　　贷：银行存款
（2）工程领用物资时。
借：在建工程
　　贷：工程物资
（3）工程领用企业自产品时。
借：在建工程
　　贷：库存商品
　　　　应交税费——应交增值税（销项税额）
（4）工程在建中发生各种费用时。
借：在建工程
　　贷：应付职工薪酬、银行存款、库存现金等
（5）工程达到预定使用状态时。
借：固定资产
　　贷：在建工程

（三）固定资产折旧的做账

计提折旧时，
借：生产成本、制造费用、管理费用、销售费用等
　　贷：累计折旧

（四）固定资产发生后续支出的做账

1. 固定资产发生修理支出时

借：管理费用
    贷：银行存款、原材料、应付职工薪酬等

2. 固定资产发生改扩建支出时

（1）将固定资产进行改扩建时。
借：在建工程
    累计折旧
    贷：固定资产
（2）改扩建过程中发生各种费用时。
借：在建工程
    贷：应付职工薪酬、银行存款、库存现金等
（3）改扩建工程达到预定使用状态时。
借：固定资产
    贷：在建工程

（五）固定资产清理的做账

1. 将固定资产转入清理时

借：固定资产清理
    累计折旧
    贷：固定资产

2. 在清理过程中发生各种支出时

借：固定资产清理
    贷：银行存款、应付职工薪酬等

3. 在清理过程中发生各种收入时

借：银行存款、其他应收款等
    贷：固定资产清理

4. 清理完成结转清理净损益时

借：固定资产清理
　　贷：营业外收入（结转清理净收益）
或
借：营业外支出（结转清理净损失）
　　贷：固定资产清理

（六）固定资产减值的做账

期末计提固定资产减值准备时，
借：资产减值损失
　　贷：固定资产减值准备
注：固定资产减值准备计提后，不得转回。

五、投资的做账分录

投资是指通过分配来增加财富，或为谋求其他利益将资产让渡给其他单位所获得的另一项资产，如购买股票、债券、基金，与其他企业共同创办联营企业或子公司等。

投资按其持有意图及能力分为：交易性金融资产、持有至到期投资、可供出售金融资产、长期股权投资等。

（一）交易性金融资产的做账

交易性金融资产是指企业持有的以公允价值计量且其变动计入当期损益的金融资产，包括为交易目的而持有的债券投资、股票投资、基金投资等。

1. 取得交易性金融资产时

借：交易性金融资产——成本
　　投资收益（交易费用）
　　应收股利（实际支付的价款中包含的已宣告但尚未领取的现金股利）
　　应收利息（实际支付的价款中包含的已到付息期但尚未领取的债券利息）

　　　　贷：银行存款

2. 期末公允价值升高时

借：交易性金融资产——公允价值变动
　　　贷：公允价值变动收益

3. 期末公允价值降低时

借：公允价值变动收益
　　　贷：交易性金融资产——公允价值变动

4. 收到股利或利息时

借：银行存款
　　　贷：应收股利、应收利息

5. 处置交易性金融资产时

借：银行存款
　　　贷：交易性金融资产——成本
　　　　　公允价值变动收益（若为损失则计入借方）
　　　　　投资收益（处置收入与账面价值的差额，贷记收益、借记损失）

（二）持有至到期投资的做账

　　持有至到期投资是指到期日固定、回收金额固定或可确定，且企业有明确意图和能力持有至到期的非衍生金融资产，一般为债权投资。

1. 持有至到期投资的初始计量（取得投资的账务处理）

借：持有至到期投资——成本
　　（持有至到期投资——利息调整）
　　应收利息
　　　贷：银行存款等
　　　　　（持有至到期投资——利息调整）

2. 持有至到期投资利息收入的确认时

应收利息（持有至到期投资——应计利息）= 票面面值×票面利率×期限
投资收益 = 持有至到期投资摊余成本×实际利率
持有至到期投资——利息调整 = 应收（计）利息–投资收益

借：应收利息/持有至到期投资——应计利息
　　（持有至到期投资——利息调整）
　　贷：投资收益
　　　　（持有至到期投资——利息调整）

3. 按期收回利息和本金时

借：银行存款
　　贷：应收利息/持有至到期投资——应计利息
　　　　持有至到期投资——成本

4. 计提减值损失时

借：资产减值损失
　　贷：持有至到期投资减值准备

5. 持有至到期投资价值得以恢复时

借：持有至到期投资减值准备
　　贷：资产减值损失

【做账实例】2011年1月1日企业购买债券，实际支付的价款为1186680元（其中包括已到支付期但尚未领取的利息8万元，该利息由债券购买企业所有），债券面值为100万元，票面利率为8%，剩余期限为4年。款项全部以存款支付。其本息的支付为每年分期支付利息、到期一次还本（实际利率=4.992%）。

相关账务处理如下：

持有至到期债权投资利息调整表

计息日	应收利息	投资收益	摊销金额	摊余成本
01. 1. 1				1106680 （初始投资时总账余额）
01. 12. 31	80000	55245	24755	1081925
02. 12. 31	80000	54010	25990	1055935
03. 12. 31	80000	52712	27288	1028647
04. 12. 31	80000	51353	28647	1000000
合计	320000	213320	106680	

（1）2011 年 1 月 1 日购买债券时。

借：持有至到期投资——成本   1000000

    ——利息调整   106680

  应收利息   80000

   贷：银行存款   1186680

（2）按期收回 2010 年利息时。

借：银行存款   80000

   贷：应收利息   80000

（3）2011 年 12 月 31 日确认利息收入时。

借：应收利息   80000

   贷：投资收益   55245

    持有至到期投资——利息调整 24755

（4）按期收回 2011 年利息时。

借：银行存款   80000

   贷：应收利息   80000

（5）2012 年 12 月 31 日确认利息收入。

借：应收利息   80000

   贷：投资收益   54010

    持有至到期投资——利息调整 25990

（6）按期收回 2012 年利息时。

借：银行存款   80000

   贷：应收利息   80000

（7）2013 年 12 月 31 日确认利息收入时。

借：应收利息   80000

   贷：投资收益   52712

    持有至到期投资——利息调整 27288

（8）按期收回 2013 年利息时。

借：银行存款   80000

   贷：应收利息   80000

（9）2014 年 12 月 31 日确认利息收入。

借：应收利息   80000

   贷：投资收益   51353

    持有至到期投资——利息调整 28647

（10）到期收回本金和 2014 年利息时。

借：银行存款   1080000

　　贷：持有至到期投资——成本   1000000

　　　　应收利息   80000

（三）可供出售金融资产的做账

可供出售金融资产是指初始确认时即被指定为可供出售的非衍生金融资产，以及除下列各类资产以外的金融资产：贷款和应收款项、持有至到期投资、以公允价值计量且其变动计入当期损益的金融资产。

可供出售金融资产主要包括：可供出售的股票投资、债权投资等金融资产；债权性可供出售金融资产，其核算类似持有至到期投资；股权性可供出售金融资产，类似交易性金融资产；可供出售金融资产公允价值变动时，要调整账面价值并确认资本公积。

1. 可供出售金融资产的初始计量

（1）如取得的为股权性可供出售金融资产时。

借：可供出售金融资产——成本

　　应收股利

　　贷：银行存款

（2）如取得的为债权性可供出售金融资产时。

借：可供出售金融资产——成本

　　应收利息/可供出售金融资产——应计利息

　　（可供出售金融资产——利息调整）

　　贷：银行存款

　　　　（可供出售金融资产——利息调整）

2. 持有债权性可供出售金融资产确认利息的处理

借：应收利息/可供出售金融资产——应计利息

　　（可供出售金融资产——利息调整）

　　贷：投资收益

　　　　（可供出售金融资产——利息调整）

3. 持有股权性可供出售金融资产现金股利的处理

（1）宣告分派现金股利时。

借：应收股利

　　贷：投资收益

（2）实际收到现金股利时。

借：银行存款

　　贷：应收股利

4. 可供出售金融资产的期末计量的处理

（1）公允价值高于账面余额时。

借：可供出售金融资产——公允价值变动

　　贷：资本公积——其他资本公积

（2）公允价值低于账面余额时。

借：资本公积——其他资本公积

　　贷：可供出售金融资产——公允价值变动

5. 可供出售金融资产发生减值的处理

（1）计提减值时。

借：资产减值损失

　　（可供出售金融资产——公允价值变动）

　　贷：资本公积——其他资本公积

　　　　（可供出售金融资产——公允价值变动）

（2）债权性可供出售金融资产价值得以恢复时。

借：可供出售金融资产——公允价值变动

　　贷：资产减值损失

（3）股权性可供出售金融资产价值得以恢复时。

借：可供出售金融资产——公允价值变动

　　贷：资产公积——其他资本公积

6. 可供出售金融资产的处置的处理

借：银行存款

　　贷：可供出售金融资产——成本

　　　　　　——公允价值变动（也可能在借方）

　　　　　　——利息调整

　　　　　　——应计利息

　　资本公积——其他资本公积（也可能在借方）

　　投资收益（也可能在借方）

【做账实例】2011 年 1 月 1 日企业购买债券作为可供出售金融资产处理，实际支付的金额为 1186680 元（包括已到支付期但尚未领取的利息 8 万元，该利息由购买企业所有），债券面值为 100 万元，票面利率为 8%，剩余期限为 4 年。该债券款项全部以存款支付。其本息的支付为每年分期支付利息，到期一次还本（实际利率为 4.992%）。2011 年 12 月 31 日其公允价值为 120 万元；2012 年 12 月 31 日其公允价值为 1168075 元，降低是暂时的；2013 年 3 月 5 日将其出售，取得出售收入 118 万元，款已存入银行。

　　相关账务处理如下：

　　可供出售债券投资利息调整表与持有至到期投资利息调整表相同。

　　（1）2011 年 1 月 1 日购买时。

　　借：可供出售金融资产——成本　　　　　　　1000000

　　　　　　　　——利息调整　　　　　　　　　106680

　　　　应收利息　　　　　　　　　　　　　　　80000

　　　　　贷：银行存款　　　　　　　　　　　　　　　1186680

　　（2）2011 年 12 月 31 日确认利息收入时。

　　借：应收利息　　　　　　　　　　　　　　　80000

　　　　　贷：投资收益　　　　　　　　　　　　　　　55245

　　　　　　可供出售金融资产——利息调整　　　　　24755

　　（3）2011 年 12 月 31 日期末计价时。

　　借：可供出售金融资产——公允价值变动　118075（1200000−1081925）

　　　　　贷：资本公积——其他资本公积　　　　　　118075

　　（4）2012 年 12 月 31 日确认利息收入时。

　　借：应收利息　　　　　　　　　　　　　　　80000

　　　　　贷：投资收益　　　　　　　　　　　　　　　54010

　　　　　　可供出售金融资产——利息调整　　　　　25990

　　（5）2012 年 12 月 31 日期末计价时。

　　2012 年 12 月 31 日，其公允价值为 1168075 元，比可供出售金融资产的账面余额 1174010 元要低，但是由于该公允价值的降低是暂时性的，所以不属于减值问题。

  借：资本公积——其他资本公积   5935（1200000-25990-1168075）

    贷：可供出售金融资产——公允价值变动 5935

（6）2013 年 3 月 5 日将其出售时。

  借：银行存款   1180000

    资本公积——其他资本公积   112140

    贷：可供出售金融资产——成本   1000000

         ——利息调整   55935

         ——公允价值变动   112140

      投资收益   124065

（四）长期股权投资的做账

  长期股权投资是企业投出的、准备长期持有的各种股权性质的投资。按投资企业对被投资单位的影响分为控制、共同控制和重大影响三种类型。

  长期股权投资核算的方法有两种：成本法和权益法。

  成本法是指投资成本计价的方法，长期股权投资以取得时的初始成本计价；其后，除了投资企业追加投资、收回投资等情形外，长期股权投资的账面价值一般应当保持不变。成本法适用于控制类型的长期股权投资。

  权益法是指投资最初以投资成本计价，以后根据投资企业享有被投资单位所有者权益份额的变动对投资的账面价值进行调整的方法。权益法适用于共同控制和重大影响类型的长期股权投资。

1. 成本法下长期股权投资的做账

（1）初始投资或追加投资时。

  借：长期股权投资——某公司

    应收股利

    贷：银行存款等

（2）被投资方宣告发放现金股利时。

  借：应收股利

    贷：投资收益

（3）收到现金股利时。

  借：银行存款

    贷：应收股利

（4）长期股权投资处置时。

借：银行存款

　　长期股权投资减值准备

　　贷：长期股权投资

　　　　应收股利

　　　　投资收益（也可能在借方）

2. 权益法下长期股权投资的做账

（1）取得时的处理。

1）如果长期股权投资的初始投资成本大于或等于投资时应享有被投资单位可辨认净资产公允价值份额，不调整已确认的初始投资成本（全额确认投资成本）。其账务处理为：

借：长期股权投资——某公司（成本）

　　贷：银行存款

2）如果长期股权投资的初始投资成本小于投资时应享有被投资单位可辨认净资产公允价值份额，其差额应当计入"营业外收入"，同时将长期股权投资的成本调整为应享有被投资单位可辨认净资产公允价值的相应份额。

借：长期股权投资——某公司（成本）

　　贷：银行存款

　　　　营业外收入

（2）投资后被投资企业由于实现净利润引起所有者权益总额增加时。

借：长期股权投资——某公司（损益调整）

　　贷：投资收益

（3）投资后被投资企业实现净亏损引起所有者权益总额减少时。

借：投资收益

　　贷：长期股权投资——某公司（损益调整）

注：若连年亏损，一直记入"长期股权投资——损益调整"贷方（负数），直到"长期股权投资"账面价值为零，未分担的首先冲减相关的"长期应收款"，不足的再确认"预计负债"。除上述情况还未确认的，在账外备查登记。

（4）投资后被投资企业宣告分派现金股利引起所有者权益总额减少时。

借：应收股利

　　贷：长期股权投资——某公司（损益调整）

（5）投资后被投资企业由于实现净损益以及宣告分派现金股利之外其他原因引起所有者权益总额变动时。

借：长期股权投资——其他权益变动

贷：资本公积——其他资本公积/其他综合收益

或者，

借：资本公积——其他资本公积/其他综合收益

贷：长期股权投资——其他权益变动

（6）长期股权投资处置时。

借：银行存款

长期股权投资减值准备

贷：长期股权投资——投资成本

应收股利

长期股权投资——损益调整（也可能在借方）

长期股权投资——其他变动（也可能在借方）

投资收益（也可能在借方）

资本公积——其他资本公积（也可能在借方）

3. 长期股权投资减值准备的做账

期末长期股权投资可收回额低于账面价值时

借：资产减值损失

贷：长期股权投资减值准备

注：长期股权投资资产减值损失一经确定，在以后会计期间不得转回。

六、无形资产的做账分录

（一）无形资产取得的做账

1. 外购无形资产时

借：无形资产

贷：银行存款、应付账款、应付票据等

2. 自创无形资产时

（1）研发过程中发生资本化支出时。

借：研发支出——资本化支出

　　贷：银行存款、原材料、应付职工薪酬等

（2）研发过程中发生费用化支出时。

借：研发支出——费用化支出

　　贷：银行存款、原材料、应付职工薪酬等

（3）期（月）末结转费用化支出时。

借：管理费用

　　贷：研发支出——费用化支出

（4）研究开发项目达到预定用途形成无形资产时。

借：无形资产

　　贷：研发支出——资本化支出

　　　　银行存款

（二）无形资产摊销的做账

使用寿命有限的无形资产，在使用寿命内进行摊销时

借：制造费用/管理费用/其他业务成本

　　贷：累计摊销

（三）无形资产减值的做账

期末无形资产的可收回金额低于账面价值时

借：资产减值损失

　　贷：无形资产减值准备

注：无形资产减值准备与固定资产、长期股权投资减值准备一样，一经计提，不得转回。

（四）无形资产转让的做账

1. 转让无形资产的使用权（出租）

（1）收取租金时。

借：银行存款

　　贷：其他业务收入

（2）摊销无形资产的价值时。

借：其他业务成本

　　贷：累计摊销

（3）计提营业税时。

借：营业税金及附加

　　贷：应交税费——应交营业税

2. 转让无形资产的所有权（出售）

借：累计摊销

　　无形资产减值准备

　　营业外支出——处置非流动资产损失

　　贷：无形资产

　　　　营业外收入——处置非流动资产利得

【做账实例】甲股份有限公司 2007～2013 年无形资产业务有关的资料如下：

（1）2007 年 12 月 1 日，以银行存款 300 万元购入一项无形资产（不考虑相关税费），该无形资产的预计使用年限为 10 年。

（2）2011 年 12 月 31 日，预计该无形资产的可收回金额为 142 万元，该无形资产发生减值后，原预计使用年限不变。

（3）2012 年 12 月 31 日，预计该无形资产的可收回金额为 129.8 万元，调整该无形资产减值准备后，原预计使用年限不变。

（4）2013 年 4 月 1 日，将该无形资产对外出售，取得价款 130 万元并收存银行（不考虑相关税费）。

编制无形资产业务的相关会计分录如下：

（1）2007 年 12 月 1 日购入无形资产时。

借：无形资产	3000000
贷：银行存款	3000000
借：管理费用	25000
贷：累计摊销	25000

（2）2008～2011 年，每年摊销无形资产的价值时。

借：管理费用	300000
贷：累计摊销	300000

（3）2011 年 12 月 31 日，无形资产计提减值准备时。

2011 年 12 月 31 日该无形资产的账面价值 = 300−300/10×1/12−300/10×4 = 177.5（万元）

无形资产可收回金额为 1420000（元）

无形资产减值 = 1775000−1420000 = 355000

借：资产减值损失　　　　　　　　　　　　　　355000

　　贷：无形资产减值准备　　　　　　　　　　　355000

（4）2012 年 12 月 31 日摊销无形资产时。

2012 年无形资产的摊销额 = 142/（12×5+11）×12 = 24（万元）

借：管理费用　　　　　　　　　　　　　　　　240000

　　贷：累计摊销　　　　　　　　　　　　　　　240000

（5）2013 年 3 月 31 日，摊销无形资产时。

2013 年 1~3 月，该无形资产的摊销额 = 118/（12×4+11）×3 = 6（万元）

借：管理费用　　　　　　　　　　　　　　　　60000

　　贷：累计摊销　　　　　　　　　　　　　　　60000

（6）2013 年 4 月 1 日，出售无形资产时。

借：银行存款　　　　　　　　　　　　　　　　1300000

　　累计摊销　　　　　　　　　　　　　　　　1525000

　　无形资产减值准备　　　　　　　　　　　　355000

　　贷：无形资产　　　　　　　　　　　　　　　3000000

　　　　营业外收入——处置非流动资产利得　　　180000

七、投资性房地产的做账分录

投资性房地产是指为赚取租金或资本增值，或两者兼有而持有的房地产。其范围包括：一是持有并准备增值后转让的土地使用权；二是企业拥有并已出租的建筑物；三是已出租的土地使用权。

投资性房地产核算模式有两种：成本模式和公允价值模式。

（一）投资性房地产按成本模式核算的做账

1. 取得投资性房地产的做账

（1）外购投资性房地产时。
借：投资性房地产
　　贷：银行存款等
（2）自行开发投资性房地产入账时。
借：投资性房地产
　　贷：在建工程

2. 按租赁协议或合同约定收取租金时

借：银行存款
　　贷：其他业务收入等

3. 按期（月）计提折旧或摊销时

借：其他业务成本
　　贷：投资性房地产累计折旧/投资性房地产累计摊销

4. 期末计提减值准备时

借：资产减值损失
　　贷：投资性房地产减值准备

5. 出售投资性房地产时

借：银行存款
　　贷：其他业务收入
借：其他业务成本
　　投资性房地产累计折旧/投资性房地产累计摊销
　　贷：投资性房地产

（二）投资性房地产按公允价值模式核算的做账

1. 取得投资性房地产的做账

（1）外购投资性房地产时。

借：投资性房地产——成本

　　贷：银行存款等

（2）自行开发投资性房地产入账时。

借：投资性房地产——成本

　　贷：在建工程

2. 按租赁协议或合同约定收取租金时

借：银行存款

　　贷：其他业务收入等

3. 期末公允价值发生变动时

借：投资性房地产——公允价值变动

　　贷：公允价值变动损益

或，

借：公允价值变动损益

　　贷：投资性房地产——公允价值变动

4. 出售投资性房地产时

借：银行存款

　　贷：其他业务收入

借：其他业务成本

　　贷：投资性房地产——成本

　　　　　　　　　——公允价值变动（也可能在借方）

　　公允价值变动损益（也可能在借方）

（三）投资性房地产后续计量模式发生变更的做账

成本模式转为公允价值模式时，作为会计政策变更处理

借：投资性房地产成本——成本

　　投资性房地产累计折旧

　　投资性房地产累计摊销

　　投资性房地产减值准备

　　贷：投资性房地产

　　　　利润分配——未分配利润（也可能在借方）

　　　　盈余公积（也可能在借方）

注意：已采用公允价值模式计量的投资性房地产，不得从公允价值模式转为成本模式。

（四）投资性房地产重分类的做账

非投资性房地产主要包括：固定资产（自用的房产）；无形资产（自用的地产）；存货（待售的房产）。

投资性房地产与非投资性房地产之间的转换共有 12 种情形：

（1）固定资产→投资性房地产（成本模式）。

（2）无形资产→投资性房地产（成本模式）。

（3）存货→投资性房地产（成本模式）。

（4）投资性房地产（成本模式）→固定资产。

（5）投资性房地产（成本模式）→无形资产。

（6）投资性房地产（成本模式）→存货。

（7）投资性房地产（公允价值模式）→固定资产。

（8）投资性房地产（公允价值模式）→无形资产。

（9）投资性房地产（公允价值模式）→存货。

（10）固定资产→投资性房地产（公允价值模式）。

（11）无形资产→投资性房地产（公允价值模式）。

（12）存货→投资性房地产（公允价值模式）。

转换时做账的技巧：

前九种情形转换前后都是按成本模式核算，故不存在转换损益，其核算原理是将转换前的资产核销，核销的账面价值作为转换后资产的入账价值。做账分录模型为：

借：转换后资产（账面价值）

　　贷：转换前资产（账面价值）

后三种情形转换前是成本模式，转换后按公允价值核算，因此会出现转换损益，其核算原理是转换收益计入资本公积，转换损失计入公允价值变动收益。做账分录模型为：

借：转换后资产（公允价值）

　　公允价值变动收益（公允价值小于账面价值，即转换损失）

　　贷：转换前资产（账面价值）

　　　　资本公积——其他资本公积（公允价值大于账面价值，即转换收益）

【做账实例】2013 年 8 月 10 日，某企业将出租期满的办公楼收回，用于本企业的行政管理。8 月 10 日，出租办公楼的公允价值为 300 万元。该房地产在转换前采用公允价值模式进行后续计量，转换前的账面价值为 280 万元，其中成本为 250 万元，公允价值变动为增值 30 万元。

该企业的账务处理如下：

借：固定资产   3000000

 贷：投资性房地产——成本   2500000

      ——公允价值变动 300000

  公允价值变动损益   200000

八、流动负债的做账分录

（一）短期借款的做账

1. 取得借款时

借：银行存款

 贷：短期借款

2. 按月预提利息时

借：财务费用

 贷：应付利息

3. 到期还本付息时

借：短期借款

  应付利息（已预提利息）

  财务费用（未预提利息）

 贷：银行存款

【做账实例】某企业向银行借入短期借款 50 万元，利率 6%，借期半年，到期一次还本息。

会计做账分录为：

（1）借入。

借：银行存款　　　　　　　　　　　　　　　　500000
　　贷：短期借款　　　　　　　　　　　　　　　　500000

（2）按月预提利息。

借：财务费用　　　　　　　　　　　　　　　　　2500
　　贷：应付利息　　　　　　　　　　　　　　　　2500

（3）到期还本付息。

借：短期借款　　　　　　　　　　　　　　　　500000
　　应付利息　　　　　　　　　　　　　　　　　12500
　　财务费用　　　　　　　　　　　　　　　　　2500
　　贷：银行存款　　　　　　　　　　　　　　　515000

（二）应付账款的做账

1. 发生时

借：原材料等
　　应交税费——应交增值税（进项税额）
　　贷：应付账款

2. 付款时

借：应付账款
　　贷：银行存款
　　　　财务费用（现金折扣部分）

（三）应付票据的做账

1. 开出票据时

借：原材料
　　应交税费——应交增值税（进项税额）
　　贷：应付票据

2. 到期偿付时

借：应付票据

　　贷：银行存款

3. 若到期无力偿还时

借：应付票据
　　贷：应付账款

（四）预收账款的做账

1. 预收到货款时

借：银行存款
　　贷：预收账款

2. 发货时

借：预收账款
　　贷：主营业务收入
　　　　应交税费——应交增值税（销项税额）

3. 退回多余款项时

借：预收账款
　　贷：银行存款

4. 补付不足款项时

借：银行存款
　　贷：预收账款

（五）其他应付款的做账

1. 发生时

借：相关科目
　　贷：其他应付款

2. 支付时

借：其他应付款

贷：银行存款等

（六）应交税费的做账

1. 增值税的做账

（1）小规模纳税人的增值税做账。

1）采购时，收到增值税专用发票或普通发票。

借：物资采购等（含税买价）

贷：银行存款等

2）销售时，开出普通发票。

借：银行存款等

贷：主营业务收入　　　　含税售价÷（1+征收率）

应交税费——应交增值税

3）缴纳增值税时。

借：应交税费——应交增值税

贷：银行存款

（2）一般纳税人购进货物时（支付进项税额）。

借：在途物资/原材料/材料采购等

应交税费——应交增值税（进项税额）

贷：银行存款等

（3）一般纳税人销售货物时（收进销项税额）。

借：银行存款等

贷：主营业务收入

应交税费——应交增值税（销项税额）

（4）一般纳税人发生视同销售行为时（确认销项税额）。

代销、将产成品材料对外投资：做销售处理；将产品用于非应税项目（如在建工程）等。

借：在建工程

贷：库存商品

应交税费——应交增值税（销项税额）

（5）一般纳税人计算应收出口退税额时。

借：其他应收款

贷：应交税费——应交增值税（出口退税）

（6）一般纳税人发生进项税额转出时。

当纳税人购进的货物或接受的应税劳务不是用于增值税应税项目，而是用于非应税项目、免税项目或用于集体福利、个人消费等情况时，其支付的进项税就不能从销项税额中抵扣。

1）非应税的做账（用于非应税项目等购进货物或应税劳务的进项税额转出）。

【做账实例】某企业对厂房进行改建，领用本厂购进的原材料1500元，应将原材料价值加上进项税额255（17%）元计入在建工程成本。其会计处理如下：

借：在建工程　　　　　　　　　　　　　　　　　　　1755
　　贷：原材料　　　　　　　　　　　　　　　　　　　　1500
　　　　应交税费——应交增值税（进项税额转出）　　　　255

2）免税项目（用于免税项目的购进货物或应税劳务的进项税额转出）。

【做账实例】某自行车厂既生产自行车，又生产供残疾人专用的轮椅。为生产轮椅领用原材料1000元，购进原材料时支付进项税170元，其会计处理如下：

借：基本生产成本——轮椅　　　　　　　　　　　　　1170
　　贷：原材料　　　　　　　　　　　　　　　　　　　　1000
　　　　应交税费——应交增值税（进项税额转出）　　　　170

3）集体福利（用于集体福利和个人消费的进项税额转出）。

【做账实例】某企业维修内部职工浴室领用原材料20000元，其中购买原材料时抵扣进项税3400元，其会计处理如下：

借：应付职工薪酬　　　　　　　　　　　　　　　　　23400
　　贷：原材料　　　　　　　　　　　　　　　　　　　20000
　　　　应交税费——应交增值税（进项税额转出）　　　　3400

4）非正常损失（购进货物或应税劳务非正常损失的进项税额转出）。

【做账实例】A企业原材料发生非常损失，其实际成本为7500元。A企业为一般纳税人，增值税率为17%。会计账务处理为：

借：待处理财产损溢——待处理流动资产损溢　　　　　8775
　　贷：原材料　　　　　　　　　　　　　　　　　　　　7500
　　　　应交税费——应交增值税（进项税额转出）（7500×17%）1275

（7）一般纳税人支付增值税时。

借：应交税费——应交增值税（已交税金）——缴纳本月的增值税

应交税费——未交增值税——缴纳以前的增值税

  贷：银行存款

（8）一般纳税人月末转出未交（多交）增值税时。

借：应交税费——应交增值税（转出未交增值税）

  贷：应交税费——未交增值税

或，

借：应交税费——未交增值税

  贷：应交税费——应交增值税（转出多交增值税）

2. 消费税的做账

（1）销售应税消费品计算应缴纳的消费税时。

借：营业税金及附加

  贷：应交税费——应交消费税

（2）工程领用应税消费品时。

借：在建工程

  贷：库存商品

    应交税费——应交增值税（销项税额）

    应交税费——应交消费税

（3）委托加工应税消费品。

1）委托方收回后继续加工，支付给受托方消费税时（可抵扣，避免销售时重复缴纳）。

借：应交税费——应交消费税

  贷：银行存款

2）委托方收回后直接销售，支付给受托方消费税时（销售时不再缴纳）。

借：委托加工物资（消费税计入成本）

  贷：银行存款

（4）进口应税消费品时。

借：库存商品（消费税计入成本）

  贷：银行存款

（5）缴纳消费税时。

借：应交税费——应交消费税

  贷：银行存款

3. 营业税的做账

（1）发生应税劳务计算应缴纳营业税时。

借：营业税金及附加
　　贷：应交税费——应交营业税

（2）销售不动产计算应缴纳营业税时。

借：固定资产清理
　　贷：应交税费——应交营业税

（3）出售无形资产计算应缴纳营业税时。

借：银行存款
　　无形资产减值准备
　　营业外支出
　　贷：无形资产
　　　　应交税费——应交营业税
　　　　营业外收入

（4）出租无形资产计算应缴纳营业税时。

借：营业税金及附加
　　贷：应交税费——应交营业税

（5）缴纳营业税时。

借：应交税费——应交营业税
　　贷：银行存款

4. 资源税的做账

（1）销售产品应纳资源税。

借：营业税金及附加
　　贷：应交税费——资源税

（2）自用产品应纳资源税。

借：生产成本、制造费用、管理费用等
　　贷：应交税费——资源税

（3）购入未税矿产品，代扣代交的资源税。

借：材料采购（原材料）
　　贷：应交税费——资源税

（4）缴纳资源税时。

借：应交税费——应交资源税

  贷：银行存款

5. 土地增值税的做账

（1）与地上建筑物一同转让计算应交土地增值税时。

借：固定资产清理

  贷：应交税费——应交土地增值税

（2）经营房地产业务，应交土地增值税时。

借：营业税金及附加

  贷：应交税费——应交土地增值税

（3）缴纳土地增值税时。

借：应交税费——应交土地增值税

  贷：银行存款

6. 城建税和教育费附加的做账

应交城建税＝（增值税+消费税+营业税）×7%

应交教育费附加＝（增值税+消费税+营业税）×3%

（1）计算出应交城建税和教育费附加时。

借：营业税金及附加

  贷：应交税费——应交城建税

      ——应交教育费附加

（2）缴纳城建税和教育费附加时。

借：应交税费——应交城建税

     ——应交教育费附加

  贷：银行存款

7. 在管理费用中列支的税金做账

（1）计算应交房产税、土地使用税、车船使用税时。

借：管理费用

  贷：应交税费——应交房产税

      ——土地使用税

      ——车船使用税

（2）缴纳房产税、土地使用税、车船使用税时。

借：应交税费——应交房产税

　　　　——土地使用税

　　　　——车船使用税

　　贷：银行存款

（3）缴纳印花税时（购买印花税票，不需通过"应交税费"核算）。

借：管理费用

　　贷：银行存款

8. 所得税费用的做账

（1）计算所得税费用时。

借：所得税费用

　　递延所得税资产（也可能在贷方）

　　贷：递延所得税负债（也可能在借方）

　　　　应交税费——应交所得税

（2）缴纳所得税时。

借：应交税费——应交所得税

　　贷：银行存款

【做账实例】某公司 2007 年 12 月购设备一台，原值 20 万元，会计年限为 4 年，税法年限为 5 年，采用直线法，净残值为 0，所得税税率为 25%，每年利润总额为 20 万元。2009 年减值 4 万元，计算连续 5 年的暂时性差异。要求计算连续 5 年的所得额，编制 2009 年分录。

所得税费用计算如下表所示：

单位：万元

年　份	2008	2009	2010	2011	2012
会计折旧	5	5（减值4）	3	3	0
税务折旧	4	4	4	4	4
账面价值	15	6	3	0	0
计税基础	16	12	8	4	0
应纳税所得额	21	25	19	19	16
暂时性差异（可递减差异）	1	6	5	4	0

2009 年会计分录为：

借：所得税费用   50000

    递延所得税资产   （60000-10000）×25%=12500

    贷：应交税费   250000×25%=62500

（七）应付职工薪酬的做账

1. 工资的做账

（1）计提职工应付工资时。

借：生产成本——基本生产成本

    生产成本——辅助生产成本

    制造费用

    劳务成本

    管理费用（辞退福利和股份支付只记入该账户）

    销售费用

    在建工程

    研发支出

    贷：应付职工薪酬——工资

（2）扣除代垫代付款项时。

借：应付职工薪酬——工资

    贷：其他应收款——社会保险费

                  ——住房公积金

      应交税费——个人所得税

（3）发放实发工资时。

借：应付职工薪酬——工资

    贷：银行存款、现金

2. 社会保险费和住房公积金的做账

（1）计提职工社会保险费和住房公积金时。

借：生产成本——基本生产成本

    生产成本——辅助生产成本

    制造费用

    劳务成本

    管理费用（辞退福利和股份支付只记入该账户）

销售费用

在建工程

研发支出

　　贷：应付职工薪酬——社会保险费

　　　　　　　　——住房公积金

（2）缴纳社会保险费和住房公积金时。

借：应付职工薪酬——社会保险费

　　　　　　——住房公积金

其他应收款——社会保险费

　　　　　——住房公积金

　　贷：银行存款

3. 职工福利的做账

企业支付职工福利时

借：生产成本——基本生产成本

生产成本——辅助生产成本

制造费用

劳务成本

管理费用（辞退福利和股份支付只记入该账户）

销售费用

在建工程

研发支出

　　贷：应付职工薪酬——职工福利

同时，

借：应付职工薪酬——职工福利

　　贷：银行存款

4. 工会经费和职工教育经费的做账

计提工会经费和职工教育经费时

借：生产成本——基本生产成本

生产成本——辅助生产成本

制造费用

劳务成本

管理费用（辞退福利和股份支付只记入该账户）

销售费用

在建工程

研发支出

贷：应付职工薪酬——工会经费

      ——职工教育经费

5. 非货币性福利的做账

（1）企业发生非货币性福利时。

借：生产成本——基本生产成本

生产成本——辅助生产成本

制造费用

劳务成本

管理费用（辞退福利和股份支付只记入该账户）

销售费用

在建工程

研发支出

贷：应付职工薪酬——非货币福利

（2）若以提供住房等方式作为非货币福利时。

借：应付职工薪酬——非货币福利

贷：累计折旧（自有住房提供福利）

银行存款（外租住房提供福利）

（3）若以发放自产品作为非货币福利时。

借：应付职工薪酬—非货币性福利

贷：主营业务收入

应交税费——应交增值税（销项税额）

同时，

借：主营业务成本

贷：库存商品

（4）若外购商品直接发放非货币福利时。

借：应付职工薪酬——非货币性福利

贷：银行存款

（5）若以外购库存商品用来发放非货币福利时。

借：应付职工薪酬——非货币性福利
    贷：库存商品
        应交税费——应交增值税（进项税额转出）

九、非流动负债的做账分录

（一）长期借款的做账

1. 企业借入长期借款时

借：银行存款
    贷：长期借款

2. 按期计提利息费用时

借：财务费用/在建工程/制造费用/研发支出等
    贷：应付利息

3. 还本付息时

借：长期借款
    应付利息
    贷：银行存款

（二）应付债券的做账

1. 企业发行债券时

借：银行存款
    应付债券——利息调整（折价发行）
    贷：应付债券——面值
            ——利息调整（溢价发行）

2. 按期计提利息费用时

借：财务费用/在建工程/制造费用/研发支出等

应付债券——利息调整（溢价发行）

    贷：应付债券——利息调整（折价发行）

        应付利息/应付债券——应计利息

3. 到期还本付息时

借：应付债券——面值

        ——应计利息

    贷：银行存款

【做账实例】某企业 2011 年 3 月 1 日发行面值 200 元，年利 12%，3 年期债券 2000 份，计 400000 元，半年付息一次（每年 3 月 1 日和 9 月 1 日为付息日），市场利率为 10%，债券溢价发行价 420304 元。

计算每期利息费用和溢价摊销额如下表所示：

期数	实付利息	财务费用	溢价摊销	账面价值
				420304
2011.9.1	24000	21015	2985	417319
2012.3.1	24000	20866	3134	414185
2012.9.1	24000	20709	3291	410894
2013.3.1	24000	20545	3455	407439
2013.9.1	24000	20372	3628	403811
2014.3.1	24000	20189	3811	400000
合计	144000	123696	20304	

（1）2011 年 3 月 1 日发行时。

借：银行存款   420304

    贷：应付债券——面值   400000

           ——利息调整   20304

（2）2011 年 9 月 1 日计息并摊销溢价时。

借：财务费用（或在建工程）   24000

    贷：应付利息   24000

借：应付债券——利息调整   2985

    贷：财务费用（或在建工程）   2985

或合并为

借：财务费用（或在建工程）　　　　　　　　　　21015
　　应付债券——利息调整　　　　　　　　　　　2985
　　　贷：应付利息　　　　　　　　　　　　　　　　24000

（3）2011 年 12 月 31 日调整分录。

1）计提利息。

借：财务费用（或在建工程）　　　　　　　　　　16000
　　　贷：应付利息　　　　　　　　　　　　　　　　16000

2）摊销溢价（3134×4÷6＝2089）。

借：应付债券——利息调整　　　　　　　　　　　2089
　　　贷：财务费用（或在建工程）　　　　　　　　　　2089

（4）2012 年 3 月 1 日付息并摊销溢价。

1）计息。

借：财务费用（或在建工程）　　　　　　　　　　8000
　　　贷：应付利息　　　　　　　　　　　　　　　　8000

2）摊销溢价（3134×2÷6＝1045）。

借：应付债券——利息调整　　　　　　　　　　　1045
　　　贷：财务费用　　　　　　　　　　　　　　　　1045

（5）2012 年 9 月 1 日计息并摊销溢价时。

借：财务费用（或在建工程）　　　　　　　　　　24000
　　　贷：应付利息　　　　　　　　　　　　　　　　24000
借：应付债券——利息调整　　　　　　　　　　　3291
　　　贷：财务费用（或在建工程）　　　　　　　　　　3291

（6）2012 年 12 月 31 日调整分录。

1）计提利息。

借：财务费用（或在建工程）　　　　　　　　　　16000
　　　贷：应付利息　　　　　　　　　　　　　　　　16000

2）摊销溢价（3455×4÷6＝2303）。

借：应付债券——利息调整　　　　　　　　　　　2303
　　　贷：财务费用（或在建工程）　　　　　　　　　　2303

（7）2013 年 3 月 1 日付息并摊销溢价。

1）计息。

借：财务费用（或在建工程）　　　　　　　　　　8000
　　　贷：应付利息　　　　　　　　　　　　　　　　8000

2）摊销溢价（3455×2÷6＝1152）。

借：应付债券——利息调整 1152

　　贷：财务费用 1152

（8）2013 年 9 月 1 日计息并摊销溢价时。

借：财务费用（或在建工程） 24000

　　贷：应付利息 24000

借：应付债券——利息调整 3628

　　贷：财务费用（或在建工程） 3628

（9）2013 年 12 月 31 日调整分录。

1）计提利息。

借：财务费用（或在建工程） 16000

　　贷：应付利息 16000

2）摊销溢价（3811×4÷6＝2541）。

借：应付债券——利息调整 2541

　　贷：财务费用（或在建工程） 2541

（10）2014 年 3 月 1 日付息并摊销溢价。

1）计息。

借：财务费用（或在建工程） 8000

　　贷：应付利息 8000

2）摊销溢价（3811×2÷6＝1270）。

借：应付债券——利息调整 1270

　　贷：财务费用 1270

（11）2014 年 3 月 1 日还本付息时。

借：应付债券——面值 400000

　　应付利息 24000

　　贷：银行存款 424000

（三）专项应付款的做账

1. 收到政府拨款

借：银行存款

　　贷：专项应付款

2. 将款项用于工程项目或研发项目

借：在建工程
　　研发支出
　　　贷：银行存款
　　　　　应付职工薪酬等

3. 项目完工时

借：固定资产（无形资产）
　　　贷：在建工程（研发支出）
同时，
借：专项应付款
　　　贷：营业外收入——政府补助

（四）长期应付款的做账

1. 补偿贸易引起的长期应付款的做账

（1）补偿贸易引进设备时。
借：固定资产等
　　　贷：长期应付款——应付补偿贸易引进设备款
（2）以产品偿还设备款时。
借：长期应付款——应付补偿贸易引进设备款
　　　贷：主营业务收入

2. 融资租赁引起的长期应付款的做账

（1）租赁开始日确认租赁负债时。
借：固定资产——融资租入固定资产
　　未确认融资费用
　　　贷：长期应付款——应付融资租赁款
（2）按期支付租金时。
借：长期应付款——应付融资租赁款
　　　贷：银行存款

3. 具有融资性质的分期付款购买商品引起的长期应付款的做账

（1）分期付款购买商品时。

借：固定资产/库存商品等

应交税费——应交增值税（进项税额）

未确认融资费用

贷：长期应付款

（2）定期支付货款时。

借：长期应付款

贷：银行存款

十、所有者权益的做账分录

（一）实收资本（股本）的做账

1. 国有独资公司实收资本的做账

国有独资公司为国家授权投资的机构或国家授权的部门单独投资设立的国有独资有限责任公司，只有一个所有者，不存在资本溢价，初始投资、追加投资都不产生资本公积。

收到投资时，

借：银行存款（固定资产、无形资产等）

贷：实收资本

2. 有限责任公司实收资本的做账

初始投资时全部记入"实收资本"，引进其他投资者追加投资时则会产生资本公积（资本溢价）。

收到投资时，

借：银行存款（固定资产、无形资产等）

贷：实收资本

资本公积——资本溢价

【做账实例】A、B、C 三位股东各出资 80 万元（40%）、70 万元（35%）、50 万元（25%）设立 W 有限责任公司，注册资本计 200 万元，2 年后注册资本增加至 300 万元，D 公司出资 50 万元持股 10% 加入，余款由 A、B、C 按原持股比例出资。

（1）首次出资建立 W 公司时。

借：银行存款（固、无等）　　　　　　　　　　　200 万
　　贷：实收资本——A　　　　　　　　　　　　80 万
　　　　　　——B　　　　　　　　　　　　　70 万
　　　　　　——C　　　　　　　　　　　　　50 万

（2）D 加入时。

D 拥有注册资本份额 = 300 万×10% = 30 万元，其余 20 万元为资本公积

借：银行存款　　　　　　　　　　　　　　　　50 万
　　贷：实收资本　　　　　　　　　　　　　　30 万
　　　　资本公积——资本溢价　　　　　　　　20 万

（3）A、B、C 追加投资时。

A、B、C 共需投资 70 万元，则各出资额为：

A = 270 万×40%-80 万（原出资）= 28 万

B = 270 万×35%-70 万 = 24.5 万

C = 270 万×25%-50 万 = 17.5 万

借：银行存款　　　　　　　　　　　　　　　　70 万
　　贷：实收资本——A　　　　　　　　　　　28 万
　　　　　　——B　　　　　　　　　　　　24.5 万
　　　　　　——C　　　　　　　　　　　　17.5 万

【做账实例】A、B、C 三位股东分别出资 100 万元、50 万元、50 万元设立 S 有限责任公司，3 年后 D 加入，D 股东出资 60 万元拥有 20% 的权益。

增资后注册资本 = 原注册资本÷（1-增资比例）= 200 万÷（1-20%）= 250 万

D 享有注册资本的份额 = 250 万×20% = 50 万

D 加入的分录：

借：银行存款　　　　　　　　　　　　　　　　60 万
　　贷：实收资本——D　　　　　　　　　　　50 万
　　　　资本公积——资本溢价　　　　　　　　10 万

3. 股份有限公司股本的做账

(1) 股份有限公司发行股票时。

借：银行存款

　　贷：股本

　　　　资本公积——股本溢价

(2) 收购本公司股票准备注销时。

借：库存股

　　贷：银行存款

(3) 注销库存股时。

借：股本

　　资本公积——股本溢价

　　盈余公积

　　利润分配——未分配利润

　　贷：库存股

(二) 资本公积的做账

资本公积包括企业收到投资者出资超出其在注册资本或股本中所占的份额以及直接计入所有者权益的利得和损失等。前者称为资本（股本）溢价，后者称为其他资本公积。

1. 资本（股本）溢价的做账

(1) 资本（股本）溢价形成时在实收资本（股本）中已作介绍。

【做账实例】某公司委托××证券公司代理发行普通股 2000000 股，每股面值 1 元，按每股 1.2 元的价格发行。公司与受托单位约定，按发行收入 3% 收取手续费，从发行收入中扣除。假如收到的股款已存入银行。

公司收到受托发行单位交来现金 = 2000000 × 1.2 × （1-3%） = 2328000（元）

应记入"资本公积"科目的金额 = 溢价收入-发行手续费 = 400000-72000 = 328000（元）

借：银行存款　　　　　　　　　　　　　　　　2328000

　　贷：股本　　　　　　　　　　　　　　　　2000000

　　　　资本公积——股本溢价　　　　　　　　328000

（2）以资本公积转增资本时。

借：资本公积——资本（股本）溢价

　　贷：实收资本或股本

2. 其他资本公积的做账

（1）同一控制下控股合并形成的长期股权投资产生其他资本公积时。

借：长期股权投资

　　应收股利

　　（资本公积——资本溢价或股本溢价）

　　盈余公积

　　利润分配——未分配利润

　　　　贷：银行存款等（或有关负债类科目）

　　　　　　（资本公积——资本溢价或股本溢价）

（2）权益法下，被投资单位除净损益以外所有者权益发生其他变动产生其他资本公积时。

借：长期股权投资——其他权益变动

　　贷：资本公积——其他资本公积

或，

借：资本公积——其他资本公积

　　贷：长期股权投资——其他权益变动

（3）以权益结算的股份支付换取职工或其他方提供服务产生其他资本公积时。

1）在授予日的做账。

借：管理费用等

　　贷：资本公积——其他资本公积

2）在行权日的做账。

借：资本公积——其他资本公积

　　贷：实收资本或股本

　　　　资本公积——资（股）本溢价

（4）存货或自用房地产转换为公允价值模式投资性房地产产生其他资本公积时。

借：投资性房地产（公允价值）

　　贷：库存商品/固定资产/无形资产等

　　　　资本公积——其他资本公积

（5）可供出售金融资产公允价值的变动产生其他资本公积时。

借：可供出售金融资产——公允价值变动

　　贷：资本公积——其他资本公积

或，

借：资本公积——其他资本公积

　　贷：可供出售金融资产——公允价值变动

（三）盈余公积的做账

1. 提取盈余公积时

借：利润分配——提取法定盈余公积

　　　　　　——提取任意盈余公积

　　贷：盈余公积——法定盈余公积

　　　　　　——任意盈余公积

2. 经股东大会或类似机构决议，用盈余公积弥补亏损

借：盈余公积

　　贷：利润分配——盈余公积补亏

3. 经股东大会或类似机构决议，用盈余公积转增资本

借：盈余公积

　　贷：实收资本或股本

十一、收入的做账分录

（一）商品销售收入的做账

销售商品必须同时满足以下条件，才能确认为收入：

（1）企业已将商品所有权的主要风险和报酬转移给购货方。

（2）企业既没有保留通常与所有权相联系的继续管理权，也没有对已售出的商品实施控制。

（3）收入的金额能够可靠地计量。

（4）相关的经济利益很可能流入企业。

（5）相关的已发生或将发生的成本能够可靠地计量。

1. 符合全部条件的商品销售的做账

（1）确认收入时。

借：银行存款

　　贷：主营业务收入

　　　　应交税费——增（销）

（2）结转成本时。

借：主营业务成本

　　贷：库存商品

2. 发出商品的做账（至少有一个条件不符合的商品销售）

借：发出商品

　　贷：库存商品

【做账实例】7 月 10 日，企业销售给 A 公司电梯 3 部，合同规定，A 公司先预付 80% 的货款，余款及安装费于 10 月 20 日电梯安装完毕检验合格后支付。电梯总价款 1200 万元，安装费 80 万元，电梯的成本 800 万元。

（1）发出电梯（商品）时。

借：发出商品　　　　　　　　　　　　　　800 万

　　贷：库存商品　　　　　　　　　　　　800 万

（2）预收货款时。

借：银行存款　　　　　　　　　　　　　　960 万

　　贷：预收账款　　　　　　　　　　　　960 万

（3）安装完毕检验合格后，收到余款、增值税和安装费时。

借：银行存款　　　　　　　　　　　　　5240000

　　预收账款　　　　　　　　　　　　　9600000

　　贷：主营业务收入　　　　　　　　　12683760

　　　　应交税费——增（销）　　　　　　2156240

3. 代销商品的做账

（1）受托方的做账。

1) 发出商品时。

借：委托代销商品

　　贷：库存商品

2) 月底，收到代销清单，开出专用发票时。

借：应收账款——受托方

　　贷：主营业务收入

　　贷：应交税金——应交增值税（销项税额）

同时，

借：主营业务成本

　　贷：委托代销商品

3) 收到货款时。

借：银行存款

　　销售费用

　　贷：应收账款——受托方

（2）委托方的做账。

1) 收到商品时。

借：受托代销商品

　　贷：受托代销商品款

2) 实际销售商品，开出专用发票时。

借：银行存款

　　贷：应付账款——委托方

　　　　应交税金——应交增值税（销项税额）

3) 月底，开出代销清单，收到专用发票时。

借：应交税金——应交增值税（进项税额）

　　贷：应付账款——委托方

借：受托代销商品款

　　贷：受托代销商品

4) 付出货款时。

借：应付账款——委托方

　　贷：银行存款

　　　　主营业务收入，其他业务收入

借：主营业务税金及附加，其他业务成本

　　贷：应交税费——应交营业税

4. 以旧换新销售的做账

售出新商品时视同销售确认收入, 回收旧商品时视同购进。

【做账实例】某冰箱厂推出以旧换新业务, 本月收回旧冰箱 100 台, 作价 100 元计 1 万元, 作为原材料处理。同时售出新冰箱 100 台, 单位售价 2000 元, 税率 17%。

借: 原材料　　　　　　　　　　　　　　　　　　10000

　　银行存款　　　　　　　　　　　　　　　　　224000

　　　贷: 主营业务收入　　　　　　　　　　　　　200000

　　　　应交税费——增 (销)　　　　　　　　　　34000

5. 售后回购的做账

(1) 发出商品时。

借: 银行存款

　　　贷: 其他应付款

　　　　应交税费——应交增值税 (销项税额)

同时结转成本

借: 发出商品

　　　贷: 库存商品

(2) 在回购期内分期计提利息时。

借: 财务费用

　　　贷: 其他应付款

(3) 购回商品时。

借: 库存商品

　　　贷: 发出商品

同时,

借: 其他应付款

　　应交税费——应交增值税 (进项税额)

　　　贷: 银行存款

【做账实例】2014 年 1 月 1 日, 一般纳税人甲公司与乙公司签订协议, 向乙公司销售一批商品, 增值税专用发票上注明销售价格为 100 万元, 增值税额为 17 万元。该商品成本为 80 万元, 商品已发出, 款项已收到。协议规定, 甲公司应在 2014 年 5 月 31 日将所售商品购回, 回购价为 110 万元 (不含增值税额）。不考虑其他相关税费。

账务处理如下：

（1）1月1日发出商品时。

借：银行存款   1170000

    贷：其他应付款   1000000

        应交税费——应交增值税（销项税额）   170000

同时结转成本

借：发出商品   800000

    贷：库存商品   800000

（2）1~5月，每月应计提的利息费用为20000（100000÷5＝20000）元。

借：财务费用   20000

    贷：其他应付款   20000

（3）5月31日，甲公司购回商品时，增值税专用发票上注明商品价款110万元，增值税额18.7万元。

借：库存商品   800000

    贷：发出商品   800000

借：其他应付款   1100000

    应交税费——应交增值税（进项税额）   187000

    贷：银行存款   1287000

6. 分期收款销售商品的做账

（1）销售实现时。

借：长期应收款（合同价）

    贷：主营业务收入（公允价值，现销价格）

        应交税费——应交增值税（销项税额）

        未实现融资收益

同时，

借：主营业务成本（总成本）

    贷：库存商品

（2）收取款项时。

借：银行存款

    贷：长期应付款

同时，摊销未实现融资收益，

借：未实现融资收益

　　贷：财务费用

（二）提供劳务收入的做账

在资产负债表日提供劳务的结果能够可靠估计的，采用完工百分比法确认劳务收入。

1. 收到预收账款时

借：银行存款

　　贷：预收账款

2. 发生劳务成本时

借：劳务成本

　　贷：应付职工薪酬、银行存款等

3. 年末确认收入时

借：预收账款

　　贷：主营业务收入

4. 年末结转成本时

借：主营业务成本

　　贷：劳务成本

【做账实例】9 月 1 日 A 软件设计公司与 S 公司签订一项软件设计合同，工期约 10 个月，合同总价款 100 万元，至 12 月 31 日已收到 S 公司支付的款项 40 万元，当年发生软件开发成本 21 万元，其中工资费用 8 万元，其余用存款支付，预计软件开发总成本为 60 万元。劳务完工程度按成本比例法确定。

账务处理如下：

（1）收到预收账款时。

借：银行存款　　　　　　　　　　　　　　　40 万

　　贷：预收账款　　　　　　　　　　　　　　　40 万

（2）发生劳务成本时。

借：劳务成本　　　　　　　　　　　　　　　21 万

　　贷：应付职工薪酬　　　　　　　　　　　　　　8 万

	银行存款	13 万

（3）年末确认收入时。

已发生成本占预计总成本的比例：21 万÷60 万 = 35%

应确认收入 = 100 万×35% = 35 万

借：预收账款 35 万

  贷：主营业务收入 35 万

（4）年末结转成本时。

应确认成本 = 60 万×35% = 21 万

借：主营业务成本 21 万

  贷：劳务成本 21 万

十二、费用的做账分录

（一）管理费用的做账

管理费用是指企业为组织和管理生产经营活动所发生的各项费用，包括企业在筹建期间发生的开办费、董事会和行政管理部门在经营管理中发生的应由企业统一负担的公司经费（工资、物料消耗、低值易耗品摊销、办公费、差旅费）、工会经费、董事会费（董事津贴、会议费、差旅费）、聘请中介机构费、咨询费、诉讼费、业务招待费、房产税等税费、技术转让费、矿产资源补偿费、研究费用、无形资产摊销费、排污费等。

发生各项管理费用时

借：管理费用

  贷：原材料、应付职工薪酬、其他应收款、累计折旧、累计摊销、周转材料、应交税费、银行存款、库存现金等

（二）销售费用的做账

销售费用是指企业销售商品或材料、提供劳务过程中发生的各项费用，包括保险费、包装费、展览费和广告费、商品维修费、预计产品质量保证损失、运输费、装卸费等及专设的销售机构的经费（职工薪酬、业务费、折旧费等）。

企业发生各项销售费用时

借：销售费用

　　贷：银行存款、库存现金、应付职工薪酬、累计折旧等

（三）财务费用的做账

财务费用是指企业为筹集生产经营资金而发生的筹资费用，包括利息支出（减利息收入）、汇兑损益及相关的手续费、企业发生的现金折扣及收到的现金折扣。

发生财务费用时

借：财务费用

　　贷：银行存款、应付利息、应付债券等

注意：企业取得的利息收入、手续费收入、现金折扣收入记入该账户的贷方。

十三、利润的做账分录

（一）营业外收入的做账

核算企业直接计入利润的各项利得，主要包括非流动资产处置利得、非货币性资产交换利得、债务重组利得、政府补助、盘盈利得、捐赠利得等。

企业在取得营业外收入时

借：固定资产清理/递延收益/待处理财产损溢等

　　贷：营业外收入

（二）营业外支出的做账

核算企业发生的直接计入利润的各项损失，包括非流动资产处置损失、非货币性资产交换损失、债务重组损失、公益性捐赠支出、非常损失、盘亏损失等。

企业在发生营业外支出时

借：营业外支出

　　贷：固定资产清理/待处理财产损溢/无形资产等

（三）结转全部收入和利得到"本年利润"账户的贷方

借：主营业务收入

其他业务收入

公允价值变动损益（若为损失则从贷方结转）

投资收益（若为损失则从贷方结转）

营业外收入

贷：本年利润

（四）结转全部费用和损失到"本年利润"账户的借方

借：本年利润

贷：主营业务成本

其他业务成本

营业税金及附加

销售费用

管理费用

财务费用

资产减值损失

营业外支出

所得税费用

第七天 真账实做

本章通过真实的业务，真实的例题来总结全书，从取得原始凭证到期末报表，全部过程清晰简明，可帮助会计人员更清楚地了解做账的过程。整个过程包括：做账、登账、结账、对账、报账等。

一、资料部分

某公司为一般纳税人，2012 年 12 月 31 日资产负债表如下：

资 产 负 债 表

会企 01 表

编制单位：某公司　　　　　　　2012 年 12 月 31 日　　　　　　　单位：元

资　产	期末余额	负债及所有者权益 （或股东权益）	期末余额
流动资产：		流动负债：	
货币资金	2812600	短期借款	600000
交易性金融资产	30000	交易性金融负债	
应收票据	492000	应付票据	400000
应收账款	598200	应付账款	1907600
预付款项	400000	预收款项	2000000
应收利息		其他应付款	113200
应收股利		应付职工薪酬	220000

资　产	期末余额	负债及所有者权益 （或股东权益）	期末余额
其他应收款	10000	应交税费	60000
存货	5160000	应付利息	2000
一年内到期的非流动资产		应付股利	
其他流动资产		一年内到期的非流动负债	
流动资产合计	9502800	其他流动负债	
非流动资产：		流动负债合计	5302800
可供出售金融资产		非流动负债：	
持有至到期投资		长期借款	1200000
长期应收款		应付债券	
长期股权投资	500000	长期应付款	
投资性房地产		专项应付款	
固定资产	1700000	预计负债	
在建工程	3000000	递延所得税负债	
工程物资		其他非流动负债	
固定资产清理		非流动负债合计	
生产性生物资产		负债合计	6502800
油气资产		所有者权益：	
无形资产	1200000	实收资本（或股本）	9000000
开发支出		资本公积	
商誉		减：库存股	
长期待摊费用		盈余公积	300000
递延所得税资产	400000	未分配利润	1000000
其他非流动资产		所有者权益总计	10300000
非流动资产合计	6800000		
资产总计	16802800	负债及所有者权益总计	16802800

某公司 2013 年发生的经济业务如下：

（1）收到银行通知，用银行存款支付到期的商业承兑汇票 200000 元。

（2）购入原材料一批，用银行存款支付货款 300000 元，购入材料发生的增值税额为 51000 元。款项已付，材料未到。

（3）收到原材料一批，实际成本200000元，计划成本190000元，材料已验收入库，货款已于上月支付。

（4）用银行汇票支付材料采购价款，公司收到开户银行转来银行汇票多余款收账通知，通知上填写的多余款为468元，购入材料及运费为199600元，支付的增值税额为33932元。原材料已验收入库，该批原材料计划价格为200000元。

（5）销售产品一批，销售价款600000元，增值税102000元，该批产品实际成本360000元，产品未发出，价款尚未收到。

（6）公司将交易性金融资产（全部为股票投资）33000元出售存入银行，该项交易性金融资产的账面价值为30000元。

（7）购入不需安装的设备1台，价款170940元，支付增值税29060元，支付包装费运费2000元。价款及包装费运费均以银行存款支付。设备已交付使用。

（8）购入工程物资一批，价款300000元（含已缴纳的增值税），已用银行存款支付。

（9）工程应付工资400000元，应付职工福利费56000元。

（10）工程完工，计算应负担的长期借款利息300000元。该项借款本息未付。

（11）工程完工，交付生产使用，已办理竣工手续，固定资产价值2800000元。

（12）基本生产车间一台机床报废，原价400000元，已提折旧360000元，清理费用1000元，残值收入1600元，均通过银行存款支付。该项固定资产已清理完毕。

（13）从银行借入3年期借款800000元，借款已存入银行账户，该项借款用于购建固定资产。

（14）销售产品一批，销售价款为1400000元，应收的增值税额为238000元，销售产品的实际成本为840000元，货款已通过银行收妥。

（15）公司将一张快要到期的面值为400000元的无息银行承兑汇票，连同解讫通知和进账单交银行办理转账。收到银行盖章退回的进账单一联。款项已由银行收妥。

（16）收到股息57000元（该项投资为成本法核算，对方税率和本企业一致，均为25%），已存入银行。

（17）公司出售1台不需要设备，收到价款600000元，该设备原价

800000 元，已提折旧 300000 元。该项设备已由购入单位运走。

（18）归还短期借款本金 500000 元，利息 25000 元，已预提。

（19）提取现金 1000000 元，准备发放工资。

（20）支付工资 1000000 元，其中包括支付给在建工程人员的工资 400000 元。

（21）分配应支付的职工工资 600000 元，其中生产人员工资 550000 元，车间管理人员工资 20000 元，行政管理部门人员工资 30000 元。

（22）提取职工福利费 84000 元（不包括在建工程应负担的福利费 56000 元），其中生产工人福利费 77000 元，车间管理人员福利费 2800 元，行政管理部门福利费 4200 元。

（23）提取应计入本期损益的借款利息共 43000 元，其中，短期借款利息 23000 元，长期借款应计利息 20000 元。

（24）基本生产领用原材料，计划成本 1400000 元；领用低值易耗品，计划成本 100000 元，采用一次摊销法摊销。

（25）结转领用原材料应分摊的材料成本差异。材料成本差异率为 5%。

（26）摊销无形资产 120000 元，缴纳印花税 20000 元；支付基本生产车间劳保用品费 180000 元。

（27）计提固定资产折旧 200000 元，其中计入制造费用 160000 元；计入管理费用 40000 元。

（28）收到应收账款 102000 元，存入银行，按应收账款余额的 3‰计提坏账准备。

（29）用银行存款支付产品展览费 20000 元。

（30）计算并结转本期完工产品成本 2564800 元，没有期初在产品，本期生产的产品全部完工入库。

（31）广告费 20000 元，已用银行存款支付。

（32）公司采用商业承兑汇票结算方式销售产品一批，价款为 500000 元，增值税额为 85000 元，收到 585000 元商业承兑汇票 1 张。产品实际成本为 300000 元。

（33）公司将上述承兑汇票到银行办理贴现，贴现利息为 40000 元。

（34）提取现金 100000 元，准备支付退休金。

（35）支付退休金 100000 元。

（36）公司本期产品销售应缴纳的教育费附加为 4000 元。

（37）用银行存款缴纳增值税 200000 元；缴纳教育费附加 4000 元。

（38）结转本期主营业务成本 1500000 元。

（39）计算并结转应交所得税（税率为 25%）154400 元。

（40）偿还长期借款 2000000 元。

（41）用银行存款缴纳所得税 154400 元。

（42）将各收支账户结转本年净利润 677600 元。

（43）提取法定盈余公积 52320 元，任意盈余公积 26160 元。

（44）将利润分配各明细账户的余额转入"未分配利润"明细账户，结转本年利润。

二、真账实做

（一）做账

做账的主要内容就是根据资料中的业务编制会计分录，实务中也就是编制记账凭证的过程。

（1）借：应付票据   200000

   贷：银行存款   200000

（2）借：材料采购   300000

   应交税费——应交增值税（进项税额） 51000

   贷：银行存款   351000

（3）借：原材料   190000

   材料成本差异   10000

   贷：材料采购   200000

（4）借：材料采购   199600

   银行存款   468

   应交税费——应交增值税（进项税额） 33932

    贷：其他货币资金   234000

  借：原材料   200000

   贷：材料采购   199600

    材料成本差异   400

（5）借：应收账款   7020000

　　　　　　贷：主营业务收入　　　　　　　　　　　　600000

　　　　　　　　应交税费——应交增值税（销项税额）　　102000

（6）借：银行存款　　　　　　　　　　　　　　　　33000

　　　　贷：交易性金融资产　　　　　　　　　　　　30000

　　　　　　投资收益　　　　　　　　　　　　　　　3000

（7）借：固定资产　　　　　　　　　　　　　　　　172940

　　　　应交税费——增值税（进项税额）　　　　　29060

　　　　贷：银行存款　　　　　　　　　　　　　　　202000

（8）借：工程物资　　　　　　　　　　　　　　　　300000

　　　　贷：银行存款　　　　　　　　　　　　　　　300000

（9）借：在建工程　　　　　　　　　　　　　　　　456000

　　　　贷：应付职工薪酬——工资　　　　　　　　　400000

　　　　　　　　　　　　——福利　　　　　　　　　56000

（10）借：在建工程　　　　　　　　　　　　　　　　300000

　　　　贷：长期借款——应计利息　　　　　　　　　300000

（11）借：固定资产　　　　　　　　　　　　　　　　2800000

　　　　贷：在建工程　　　　　　　　　　　　　　　2800000

（12）借：固定资产清理　　　　　　　　　　　　　　40000

　　　　累计折旧　　　　　　　　　　　　　　　　360000

　　　　贷：固定资产　　　　　　　　　　　　　　　400000

　　　借：固定资产清理　　　　　　　　　　　　　　1000

　　　　贷：银行存款　　　　　　　　　　　　　　　1000

　　　借：银行存款　　　　　　　　　　　　　　　　1600

　　　　贷：固定资产清理　　　　　　　　　　　　　1600

　　　借：营业外支出——处置固定资产净损失　　　　39400

　　　　贷：固定资产清理　　　　　　　　　　　　　39400

（13）借：银行存款　　　　　　　　　　　　　　　　800000

　　　　贷：长期借款　　　　　　　　　　　　　　　800000

（14）借：银行存款　　　　　　　　　　　　　　　　1638000

　　　　贷：主营业务收入　　　　　　　　　　　　　1400000

　　　　　　应交税费——应交增值税（销项税额）　　238000

（15）借：银行存款　　　　　　　　　　　　　　　　400000

　　　　贷：应收票据　　　　　　　　　　　　　　　400000

（16）借：银行存款　　　　　　　　　　　　　57000

　　　　贷：投资收益　　　　　　　　　　　　　　　57000

（17）借：固定资产清理　　　　　　　　　　　500000

　　　　累计折旧　　　　　　　　　　　　　　300000

　　　　贷：固定资产　　　　　　　　　　　　　　800000

　　借：银行存款　　　　　　　　　　　　　　600000

　　　　贷：固定资产清理　　　　　　　　　　　　600000

　　借：固定资产清理　　　　　　　　　　　　100000

　　　　贷：营业外收入——处置固定资产净收益　　100000

（18）借：短期借款　　　　　　　　　　　　　500000

　　　　应付利息　　　　　　　　　　　　　　25000

　　　　贷：银行存款　　　　　　　　　　　　　　525000

（19）借：现金　　　　　　　　　　　　　　1000000

　　　　贷：银行存款　　　　　　　　　　　　　1000000

（20）借：应付职工薪酬　　　　　　　　　　1000000

　　　　贷：现金　　　　　　　　　　　　　　　1000000

（21）借：生产成本　　　　　　　　　　　　　550000

　　　　制造费用　　　　　　　　　　　　　　20000

　　　　管理费用　　　　　　　　　　　　　　30000

　　　　贷：应付职工薪酬——工资　　　　　　　　600000

（22）借：生产成本　　　　　　　　　　　　　77000

　　　　制造费用　　　　　　　　　　　　　　2800

　　　　管理费用　　　　　　　　　　　　　　4200

　　　　贷：应付职工薪酬——福利　　　　　　　　84000

（23）借：财务费用　　　　　　　　　　　　　43000

　　　　贷：应付利息　　　　　　　　　　　　　　23000

　　　　　　长期借款——应计利息　　　　　　　　20000

（24）借：生产成本　　　　　　　　　　　　1400000

　　　　贷：原材料　　　　　　　　　　　　　1400000

　　借：制造费用　　　　　　　　　　　　　　100000

　　　　贷：低值易耗品　　　　　　　　　　　　　100000

（25）当期领用材料应负担的材料成本差异

原材料应负担 1400000×5%＝70000（元）

低值易耗品应负担 100000×5% = 5000（元）

借：生产成本　　　　　　　　　　　　　　70000

　　制造费用　　　　　　　　　　　　　　5000

　　　贷：材料成本差异　　　　　　　　　　　　75000

（26）借：管理费用——无形资产摊销　　　　120000

　　　　贷：累计摊销　　　　　　　　　　　　　120000

　　借：管理费用——印花税　　　　　　　　20000

　　　制造费用　　　　　　　　　　　　　180000

　　　　贷：银行存款　　　　　　　　　　　　　200000

（27）借：制造费用——折旧费　　　　　　　160000

　　　管理费用——折旧费　　　　　　　　40000

　　　　贷：累计折旧　　　　　　　　　　　　　200000

（28）借：银行存款　　　　　　　　　　　　102000

　　　　贷：应收账款　　　　　　　　　　　　　102000

　　借：资产减值损失　　　　　　　　　　　1800

　　　　贷：坏账准备　　　　　　　　　　　　　1800

（29）借：销售费用　　　　　　　　　　　　20000

　　　　贷：银行存款　　　　　　　　　　　　　20000

（30）借：生产成本　　　　　　　　　　　　467800

　　　　贷：制造费用　　　　　　　　　　　　　467800

　　借：库存商品　　　　　　　　　　　　　2564800

　　　　贷：生产成本　　　　　　　　　　　　　2564800

（31）借：销售费用——广告费　　　　　　　20000

　　　　贷：银行存款　　　　　　　　　　　　　20000

（32）借：应收票据　　　　　　　　　　　　585000

　　　　贷：主营业务收入　　　　　　　　　　　500000

　　　　　应交税费——应交增值税（销项税额）　85000

（33）借：财务费用　　　　　　　　　　　　40000

　　　银行存款　　　　　　　　　　　　　545000

　　　　贷：应收票据　　　　　　　　　　　　　585000

（34）借：现金　　　　　　　　　　　　　　100000

　　　　贷：银行存款　　　　　　　　　　　　　100000

（35）借：管理费用——劳动保险费　　　　　100000

　　　　　　贷：现金　　　　　　　　　　　　　　　　100000

（36）借：营业税金及附加　　　　　　　　　　　　4000

　　　　　　贷：应交税费——应交教育费附加　　　　　4000

（37）借：应交税费——应交增值税（已交税金）　200000

　　　　　应交税费——应交教育费附加　　　　　　4000

　　　　　　贷：银行存款　　　　　　　　　　　　　204000

（38）借：主营业务成本　　　　　　　　　　　　1500000

　　　　　　贷：库存商品　　　　　　　　　　　　　1500000

（39）本年应交所得税＝（677600－60000）×25%＝154400（元）

　　　　　借：所得税费用　　　　　　　　　　　　154400

　　　　　　　贷：应交税费——应交所得税　　　　　154400

　　　　　借：本年利润　　　　　　　　　　　　　154400

　　　　　　　贷：所得税费用　　　　　　　　　　　154400

（40）借：长期借款　　　　　　　　　　　　　　2000000

　　　　　　贷：银行存款　　　　　　　　　　　　　2000000

（41）借：应交税费——应交所得税　　　　　　　154400

　　　　　　贷：银行存款　　　　　　　　　　　　　154400

（42）借：主营业务收入　　　　　　　　　　　　2500000

　　　　　营业外收入　　　　　　　　　　　　　100000

　　　　　投资收益　　　　　　　　　　　　　　60000

　　　　　　贷：本年利润　　　　　　　　　　　　　2660000

　　　　　借：本年利润　　　　　　　　　　　　　1982400

　　　　　　　贷：主营业务成本　　　　　　　　　　1500000

　　　　　　　销售费用　　　　　　　　　　　　　40000

　　　　　　　营业税金及附加　　　　　　　　　　4000

　　　　　　　管理费用　　　　　　　　　　　　　314200

　　　　　　　财务费用　　　　　　　　　　　　　83000

　　　　　　　资产减值损失　　　　　　　　　　　1800

　　　　　　　营业外支出　　　　　　　　　　　　39400

（43）本年应提法定盈余公积＝523200×10%＝52320（元）

　　　　　借：利润分配——提取法定盈余公积　　　　52320

　　　　　　　贷：盈余公积——法定盈余公积　　　　52320

本年应提取法定公益金＝523200×5%＝26160（元）

```
        借：利润分配——提取任意盈余公积        26160
            贷：盈余公积——任意盈余公积            26160
  （44）借：利润分配——未分配利润            78480
            贷：利润分配——提取法定盈余公积      52320
               利润分配——提取任意盈余公积      26160
        借：本年利润                      523200
            贷：利润分配——未分配利润          523200
```

（二）登账

编制完成会计凭证之后，就要开始登记账簿，登记账簿时，只要把相应的金额记入已经准备好的各科目的对应账簿中即可。在实务中，一般根据记账凭证逐笔登记日记账和明细账；定期（一般按上旬、中旬、下旬）编制科目汇总表或者汇总记账凭证并据以登记总账。

根据上述业务编制科目汇总表如下：

科 目 汇 总 表

序号	科目名称	借方发生额	贷方发生额
1	库存现金	1100000	1100000
2	银行存款	4177068	5277400
3	其他货币资金		234000
4	应收票据	585000	985000
5	应收账款	702000	102000
6	坏账准备		1800
7	交易性金融资产		30000
8	原材料	390000	1400000
9	材料采购	499600	399600
10	材料成本差异	10000	75400
11	低值易耗品		100000
12	库存商品	2564800	1500000
13	生产成本	2564800	2564800
14	制造费用	467800	467800
15	工程物资	300000	
16	在建工程	756000	2800000

序号	科目名称	借方发生额	贷方发生额
17	固定资产	2972940	1200000
18	累计折旧	660000	220000
19	固定资产清理	641000	641000
20	累计摊销		120000
21	短期借款	500000	
22	应付票据	200000	
23	应付职工薪酬	1000000	1140000
24	应交税费	472392	583400
25	应付利息	25000	23000
26	长期借款	2000000	1120000
27	盈余公积		78480
28	本年利润	2660000	2660000
29	利润分配	156960	601680
30	主营业务收入	2500000	2500000
31	主营业务成本	1500000	1500000
32	营业税金及附加	4000	4000
33	管理费用	314200	314200
34	销售费用	40000	40000
35	财务费用	83000	83000
36	资产减值损失	1800	1800
37	投资收益	60000	60000
38	营业外收入	100000	100000
39	营业外支出	39400	39400
40	所得税费用	154400	154400
	合　计	30202160	30202160

（三）结账

登记完账簿后，结出各科目的余额。

（四）对账

结账之后，编制"总账发生额与余额试算平衡表"。"总账发生额试算平衡表"其实就是当期所编制的试算平衡表的汇总。

（五）报账

报账的主要内容为编制资产负债表、利润表、现金流量表和所有者权益变动明细表。

1. 编制资产负债表

资 产 负 债 表

会企01表

编制单位：某公司　　　　　　　　　　2013 年 12 月 31 日　　　　　　　　单位：元

资　产	年初余额	期末余额	负债及所有者权益（或股东权益）	年初余额	期末余额
流动资产：			流动负债：		
货币资金	2812600	1478268	短期借款	600000	100000
交易性金融资产	30000	0	交易性金融负债		
应收票据	492000	92000	应付票据	400000	200000
应收账款	598200	1196400	应付账款	1907600	1907600
预付款项	400000	400000	预收款项	2000000	2000000
应收利息			其他应付款	113200	113200
应收股利			应付职工薪酬	220000	360000
其他应收款	10000	10000	应交税费	60000	171008
存货	5160000	5149400	应付利息	2000	0
一年内到期的非流动资产			应付股利		
其他流动资产			一年内到期的非流动负债		
流动资产合计	9502800	8326068	其他流动负债		
非流动资产：			流动负债合计	5302800	4851808
可供出售金融资产			非流动负债：		
持有至到期投资			长期借款	1200000	320000
长期应收款			应付债券		

续表

资　产	年初余额	期末余额	负债及所有者权益（或股东权益）	年初余额	期末余额
长期股权投资	500000	500000	长期应付款		
投资性房地产			专项应付款		
固定资产	2200000	4432940	预计负债		
在建工程	3000000	956000	递延所得税负债		
工程物资		300000	其他非流动负债		
固定资产清理			非流动负债合计	1200000	320000
生产性生物资产			负债合计	6502800	5171808
油气资产			所有者权益：		
无形资产	1200000	1080000	实收资本（或股本）	9000000	9000000
开发支出			资本公积		
商誉			减：库存股		
长期待摊费用			盈余公积	300000	378480
递延所得税资产	400000	400000	未分配利润	1000000	1444720
其他非流动资产			所有者权益总计	10300000	10823200
非流动资产合计	7300000	7668940			
资产总计	16802800	15995008	负债及所有者权益总计	16802800	15995008

2. 编制利润表

利 润 表

会企 02 表

编制单位：某公司　　　　　　　　　　2013年　　　　　　　　　　　单位：元

项　目	本期金额
一、营业收入	2500000
减：营业成本	1500000
营业税金及附加	4000
销售费用	40000
管理费用	314200
财务费用	83000
资产减值损失	1800

· 243 ·

项　目	本期金额
加：公允价值变动收益（损失以"－"填列）	
投资收益（损失以"－"填列）	60000
其中：对联营企业和合营企业的投资收益	
二、营业利润（亏损以"－"填列）	617000
加：营业外收入	100000
减：营业外支出	39400
其中：非流动资产处置损失	
三、利润总额（亏损总额以"－"填列）	677600
减：所得税费用	154400
四、净利润（净亏损以"－"填列）	523200

3. 编制现金流量表

编制现金流量表有工作底稿法和直接标记法。

方法一：工作底稿法

首先，对当期业务进行分析并编制调整分录。编制调整分录时，要以利润表项目为基础，从"主营业务收入"开始，结合资产负债表项目逐一进行分析。

本例调整分录如下：

（1）分析调整主营业务收入。

借：经营活动现金流量——销售商品收到的现金　　2301800
　　应收账款　　　　　　　　　　　　　　　　598200
　　贷：主营业务收入　　　　　　　　　　　　　　2500000
　　　　应收票据　　　　　　　　　　　　　　　　400000

利润表中的主营业务收入是按权责发生制反映的，应转换为按现金收付制反映的现金流入，包含主营业务收入和增值税销项税额（在"应交税费"中调整）。为此，应调整应收账款和应收票据的增减变动。本例应收账款增加598200元，没有带来现金流入，应冲销本期主营业务收入；而应收票据减少400000元均系货款回收，应加回本期主营业务收入。

（2）分析调整主营业务成本。

借：主营业务成本　　　　　　　　　　　　　　　1500000

  应付票据   200000

   贷：经营活动现金流量——购买商品支付的现金 1689400

    存货   10600

  应付票据减少 200000 元，表明本期用于购买存货（包含的增值税进项税额在"应交税费"中调整）的现金支出增加 200000 元；购买存货产生的增值税进项税额 84932 元；存货减少 10600 元，表明本期消耗的存货中有 10600 元是原先库存的，也即购买商品支付的现金减少 10600 元。

  （3）计算销售费用付现。

  借：销售费用   40000

   贷：经营活动现金流量——支付的其他与经营活动有关的现金

                   40000

  本例利润表中所列销售费用与按现金收付制确认的数据相同。

  （4）分析调整本年营业税金及附加。

  借：营业税金及附加   4000

   贷：经营活动现金流量——支付的各项税费   4000

  （5）分析调整管理费用。

  借：管理费用   314200

   贷：经营活动现金流量——支付的其他与经营活动有关的现金

                 314200

  管理费用中包含着不涉及现金支出的项目，此笔分录先将管理费用全额转入"支付的其他与经营活动有关的现金"项目，至于不涉及现金支出的项目，再分别进行调整。

  （6）分析调整财务费用。

  借：财务费用   83000

   贷：经营活动现金流量——销售商品收到的现金 40000

    应付利息   23000

    长期借款   20000

  本期增加的财务费用中，有 40000 元是票据贴现利息，由于在调整应收票据时已全额记入"经营活动现金流量——销售商品收到的现金"项目，所以要从"经营活动现金流量——销售商品收到的现金"项目内冲回，不能作为现金流出；应付利息 23000 元和长期借款 20000 元均系利息费用。

  （7）分析调整投资收益。

  借：投资活动现金流量——取得投资收益所收到的现金 57000

投资活动现金流量——收回投资所收到的现金　　33000

贷：投资收益　　　　　　　　　　　　　　　　60000

　　交易性金融资产　　　　　　　　　　　　　30000

　　投资收益应从利润表中调整出来，列入投资活动现金流量中，本例投资收益由两部分组成，一是分得现金股利57000元，二是出售交易性金融资产收回投资33000元。

（8）分析调整所得税。

借：所得税费用　　　　　　　　　　　　　　　154400

　　贷：经营活动现金流量——支付的各项税费　　154400

（9）分析调整营业外收入。

借：投资活动现金流量——处置固定资产收到的现金　600000

　　贷：营业外收入　　　　　　　　　　　　　　100000

　　　　固定资产（原价——折旧）　　　　　　　500000

　　营业外收入100000元是处置固定资产的利得，处置过程中收到的现金应列入"投资活动现金流量"项目中。

（10）分析调整营业外支出。

借：营业外支出　　　　　　　　　　　　　　　39400

　　投资活动现金流量——处置固定资产收到的现金　600

　　贷：固定资产（原价——折旧）　　　　　　　40000

　　营业外支出39400元是处置固定资产的损失，处置过程中收到的现金应列入"投资活动现金流量"项目中。

（11）分析调整资产减值损失。

借：资产减值损失　　　　　　　　　　　　　　1800

　　贷：经营活动现金流量——销售商品收到的现金　1800

　　计提坏账准备时都已列入资产减值损失，而计提坏账准备导致应收账款减少，在第（1）笔分录中应收账款的减少数已全额调整到"经营活动现金流量——销售商品收到的现金"项目中，因此要冲减调整。

（12）分析调整工程物资。

借：工程物资　　　　　　　　　　　　　　　　300000

　　贷：投资活动现金流量——购建固定资产支付的现金　300000

（13）分析调整固定资产（增加数）。

借：固定资产　　　　　　　　　　　　　　　　2972940

　　贷：投资活动现金流量——购建固定资产支付的现金　172940

在建工程 2800000

固定资产增加包括两部分：一是购入设备 2972940 元（包含的增值税进项税额在应交税费中调整）；二是在建工程完工转入 2800000 元。固定资产（减少数）已在（9）、（10）分录中调整。

（14）分析调整固定资产（累计折旧）。

借：经营活动现金流量——支付的其他与经营活动有关的现金　40000

　　经营活动现金流量——购买商品支付的现金 160000

　　贷：固定资产（累计折旧） 200000

累计折旧中计入管理费用 40000 元，计入制造费用 160000 元，补充调整。

（15）分析调整在建工程。

借：在建工程 756000

　　贷：投资活动现金流量——购建固定资产支付的现金 400000

　　　　长期借款 300000

　　　　应付职工薪酬 56000

在建工程增加的原因：一是以现金支付工资 400000 元；二是长期借款利息资本化 300000 元；三是应付福利费 56000 元资本化到在建工程中。

（16）分析调整无形资产（累计摊销）。

借：经营活动现金流量——支付的其他与经营活动有关的现金　120000

　　贷：无形资产 120000

无形资产摊销时已计入管理费用，不涉及现金流量变动，而管理费用已在分录（5）中全额转入"支付的其他与经营活动有关的现金"项目，所以应作补充调整。

（17）分析调整短期借款。

借：短期借款 500000

　　贷：筹资活动现金流量——偿还债务所支付的现金 500000

偿还短期借款应列入筹资活动的现金流量。

（18）分析调整应付职工薪酬（工资）。

借：应付职工薪酬 600000

　　贷：经营活动现金流量——支付给职工以及为职工支付的现金

600000

借：经营活动现金流量——购买商品支付的现金 570000

　　经营活动现金流量——支付的其他与经营活动有关的现金　30000

　　贷：应付职工薪酬 600000

本期应付工资的期初期末差额虽然为零，但并不意味着本期支付给职工的工资为零。上述分录中，由于工资费用分配时已分别计入制造费用和管理费用，所以要补充调整。

（19）分析调整应付职工薪酬（福利）。

借：经营活动现金流量——购买商品支付的现金　　　　　79800

　　经营活动现金流量——支付的其他与经营活动有关的现金　4200

　　　贷：应付职工薪酬　　　　　　　　　　　　　　　84000

理由同上，本例中并没有出现使用应付福利费的情况。若本期使用了应付福利费，则应将这部分金额列入"经营活动现金流量——支付给职工以及为职工支付的现金"项目中。

（20）分析调整应交税费。

借：经营活动现金流量——销售商品收到的现金　　　　425000

　　　贷：投资活动现金流量——购建固定资产支付的现金　29060

　　　　经营活动现金流量——购买商品支付的现金　　　84932

　　　　经营活动现金流量——支付的各项税费　　　　200000

　　　　应交税费　　　　　　　　　　　　　　　　111008

这里的应交税费增加数111008元，是未交增值税数；增值税销项税额应调整记入"经营活动现金流量——销售商品收到的现金"项目中；购买存货产生的增值税进项税额应调整计入"经营活动现金流量——购买商品支付的现金"项目中，而购买固定资产产生的增值税进项税额应调整计入"投资活动现金流量——购建固定资产支付的现金"项目中。

（21）分析调整应付利息。

借：应付利息　　　　　　　　　　　　　　　　　25000

　　　贷：筹资活动现金流量——偿付利息支付的现金　　25000

以现金支付利息。

（22）分析调整长期借款。

借：长期借款　　　　　　　　　　　　　　　　1200000

　　筹资活动现金流量——借款收到的现金　　　　800000

　　　贷：筹资活动现金流量——偿还债务支付的现金　2000000

（23）结转净利润。

借：净利润　　　　　　　　　　　　　　　　　523200

　　　贷：未分配利润　　　　　　　　　　　　　　523200

（24）提取盈余公积。

借：未分配利润　　　　　　　　　　　　　　　78480
　　贷：盈余公积　　　　　　　　　　　　　　　　　78480
（25）最后调整现金净变化额。
借：现金净减少额　　　　　　　　　　　　　　1334332
　　贷：货币资金　　　　　　　　　　　　　　　　1334332
调整分录做完后，依次过入工作底稿，开始编制现金流量表，如下：

现金流量表工作底稿（未发生金额变动的项目略）

项　　目	期初数	调整分录		期末数
		借方	贷方	
一、资产负债表项目				
借方科目：				
货币资金	2812600		（25）1334332	1478268
交易性金融资产	30000		（7）30000	0
应收票据	492000		（1）400000	92000
应收账款	598200	（1）598200		1196400
预付账款	400000			400000
存货	5160000		（2）10600	5149400
长期股权投资	500000			500000
固定资产	2200000	（13）2972940	（9）500000 （10）40000 （14）200000	4432940
工程物资	0	（12）300000		300000
在建工程	3000000	（15）756000	（13）2800000	956000
无形资产	1200000		（16）120000	1080000
短期借款	600000	（17）500000		100000
应付票据	400000	（2）200000		200000
应付账款	1907600			1907600
预付账款	2000000			2000000
应付职工薪酬	220000	（18）600000	（15）56000 （18）600000 （19）84000	360000
应交税费	60000		（20）111008	171008
应付利息	2000	（21）25000	（6）23000	0

续表

项　　目	期初数	调整分录		期末数
		借方	贷方	
其他应付款	113200			113200
长期借款	1200000	（22）1200000	（6）20000 （15）300000	320000
实收资本	9000000			9000000
盈余公积	300000		（24）78480	378480
未分配利润	100000	（24）78480	（23）523200	1444720
二、利润表项目				
主营业务收入			（1）2500000	2500000
主营业务成本		（2）1500000		1500000
营业税金及附加		（4）4000		4000
销售费用		（3）40000		40000
管理费用		（5）314200		314200
财务费用		（6）83000		83000
投资收益			（7）60000	60000
资产减值损失		（11）1800		1800
营业外收入			（9）100000	100000
营业外支出		（11）39400		39400
所得税费用		（8）154400		154400
净利润		（23）523200		523200
三、现金流量表项目				
（一）经营活动产生的现金流量：				
销售商品提供劳务收到的现金		（1）2301800 （20）425000	（6）40000 （11）1800	2685000
收到其他与经营活动有关的现金				
现金收入小计：				2685000
购买商品、接受劳务支付的现金		（14）160000 （18）570000 （19）79800	（2）1689400 （20）84932	964532
支付给职工及为职工支付的现金			（18）600000	600000

续表

项目	期初数	调整分录		期末数
		借方	贷方	
支付的各种税费			(4) 4000 (8) 154400 (20) 200000	358400
支付其他与经营活动有关的现金		(14) 40000 (16) 120000 (18) 30000 (19) 4200	(3) 40000 (5) 314200	160000
现金支出小计：				2082932
经营活动产生的现金流量净额				602068
（二）投资活动产生的现金流量：				
收回投资收到的现金		(7) 33000		33000
取得投资收益所收到的现金		(7) 57000		57000
处置固定资产收回的现金净额		(9) 600000 (10) 600		600600
现金收入小计：				690600
购建固定资产所支付的现金			(12) 300000 (15) 400000 (13) 172940 (20) 29060	902000
现金流出小计				902000
投资活动产生的现金流量净额				−211400
（三）筹资活动产生的现金流量：				
取得借款收到的现金			(22) 800000	800000
现金收入小计：				800000
偿还债务所支付的现金		(22) 2000000	(17) 500000	2500000
分配股利、利润偿还利息所支付现金			(21) 25000	25000
现金支出小计：				2525000
筹资活动产生现金流量净额				−1725000
（四）现金及现金等价物净减少		(25) 1334332		
调整分录借贷合计				

将工作底稿中现金流量表各个项目的期末数录入，现金流量表则编制完成。

编制的现金流量表如下：

现金流量表

会企03表

编制单位：某公司　　　　　　　　　　2013 年　　　　　　　　　　单位：元

项　　　目	本期金额
一、经营活动产生的现金流量：	
销售商品、提供劳务收到的现金	2685000
收到的税费返还	
收到其他与经营活动有关的现金	
经营活动现金流入小计	2685000
购买商品、接受劳务支付的现金	964532
支付给职工以及为职工支付的现金	600000
支付的各项税费	358400
支付其他与经营活动有关的现金	160000
经营活动现金流出小计	2082932
经营活动产生的现金流量净额	602068
二、投资活动产生的现金流量：	
收回投资收到的现金	33000
取得投资收益收到的现金	57000
处置固定资产、无形资产和其他长期资产收回的现金净额	600600
处置子公司及其他营业单位收到的现金净额	
收到其他与投资活动有关的现金	
投资活动现金流入小计	690600
购建固定资产、无形资产和其他长期资产支付的现金	902000
投资支付的现金	
取得子公司及其他营业单位支付的现金净额	
支付其他与投资活动有关的现金	
投资活动现金流出小计	902000
投资活动产生的现金流量净额	−211400
三、筹资活动产生的现金流量：	
吸收投资收到的现金	

续表

项　目	本期金额
取得借款收到的现金	800000
收到其他与筹资活动有关的现金	
筹资活动现金流入小计	800000
偿还债务支付的现金	2500000
分配股利、利润或偿付利息支付的现金	25000
支付其他与筹资活动有关的现金	
筹资活动现金流出小计	2525000
筹资活动产生的现金流量净额	−1725000
四、汇率变动对现金及现金等价物的影响	
五、现金及现金等价物净增加额	−1334332
加：期初现金及现金等价物余额	2812600
六、期末现金及现金等价物余额	1478268

补　充　资　料	金　额
1. 净利润调节为经营活动现金流量	
净利润	523200
加：资产减值准备	1800
固定资产折旧	200000
无形资产摊销	120000
长期待摊费用摊销	0
处置固定资产、无形资产和其他长期资产的损失	−100000
固定资产报废损失	39400
财务费用	43000
投资损失（减：收益）	−60000
递延所得税资产减少	0
递延所得税负债增加	0
存货的减少（减：增加）	10600
经营性应收项目的减少（减：增加）	−200000
经营性应付项目的增加（减：减少）	24068
其他	
经营活动产生的现金流量净额	602068

补 充 资 料	金 额
2. 不涉及现金收支的投资和筹资活动：	
债务转为资本	
一年内到期的可转换公司债券	
融资租入固定资产	
3. 现金及现金等价物净增加情况：	
现金的期末余额	1478260
减：现金的期初余额	2812600
加：现金等价物的期末余额	
减：现金等价物的期初余额	
现金及现金等价物净增加额	-1334332

关于附表部分主要项目数据的计算分析如下：

1. 关于"财务费用"项目

在本期财务费用83000元中，有4000元是由于应收票据贴现产生的理财费用，属于经营活动引起的现金流量变动，故不在此处调整。

2. 关于"经营性应收项目的减少"项目

经营性应收项目主要包括应收账款、应收票据、预付账款和其他应收款等。其中尤其要注意的是应收账款的变动应不包括所计提坏账准备的数额，因为坏账准备的变动已在"资产减值准备"项目中进行了调整，故此处不能重复调整。

本项目金额＝应收票据减少数400000元－应收账款增加数600000元＝－200000元

3. "经营性应付项目的增加"项目

经营性应付项目主要包括应付账款、应付票据、预收账款、应付职工薪酬、应交税费、其他应付款等。其中购建固定资产、无形资产及其他长期资产产生的应付金额不包括在里面，计算时必须剔除。本例中购建固定资产产生的29060元的增值税进项税额需在计算应交税费增加数时剔除掉；购建固定资产产生的56000元的福利也应在计算应付职工薪酬增加数时剔除。

本项目金额＝应付职工薪酬增加数84000元（140000元－56000元）＋应交税费增加数140068元（111008元＋29060元）－应付票据减少数200000元＝24068元

4. 以上三个项目之外的其他项目

一般根据账簿及报表中相关金额直接填列即可。

方法二：直接标记法

在平时做账时，对每一笔业务进行现金流量分析，并将现金流量的变动标记在相应的项目中。本例中现金流量标记分析如下：

（1）借：应付票据　　　　　　　　　　　　　　200000
　　　　　贷：银行存款　　　　　　　　　　　　　　　200000

现金流量分析：在"购买商品支付的现金"项目中标记200000元。

（2）借：材料采购　　　　　　　　　　　　　　300000
　　　　应交税费——应交增值税（进项税额）　　51000
　　　　　贷：银行存款　　　　　　　　　　　　　　　351000

现金流量分析：在"购买商品支付的现金"项目中标记351000元。

（3）借：原材料　　　　　　　　　　　　　　　190000
　　　　材料成本差异　　　　　　　　　　　　　10000
　　　　　贷：材料采购　　　　　　　　　　　　　　　200000

现金流量分析：不标记，没有涉及现金流量变动。

（4）借：材料采购　　　　　　　　　　　　　　199600
　　　　银行存款　　　　　　　　　　　　　　　468
　　　　应交税费——应交增值税（进项税额）　　33932
　　　　　贷：其他货币资金　　　　　　　　　　　　　234000
　　　借：原材料　　　　　　　　　　　　　　　200000
　　　　　贷：材料采购　　　　　　　　　　　　　　　199600
　　　　　　　材料成本差异　　　　　　　　　　　　　400

现金流量分析：在"购买商品支付的现金"项目中标记233532元。

（5）借：应收账款　　　　　　　　　　　　　　702000
　　　　　贷：主营业务收入　　　　　　　　　　　　　600000
　　　　　　　应交税费——应交增值税（销项税额）　　102000

现金流量分析：不标记。

（6）借：银行存款　　　　　　　　　　　　　　33000

    贷：交易性金融资产　　　　　　　　　　　　　　30000
     投资收益　　　　　　　　　　　　　　　　　　3000

  现金流量分析：在"收回投资收到的现金"项目中标记33000元。注意在收回股权性投资时，应以收到的现金净额确认为本项目的现金流入。此例不能在本项目中标记30000元，而应在"取得投资收益收到的现金"项目中标记3000元。

  （7）借：固定资产　　　　　　　　　　　　　　　　172940
     应交税费——增值税（进项税额）　　　　　　29060
     贷：银行存款　　　　　　　　　　　　　　　202000

  现金流量分析：在"购建固定资产支付的现金"项目中标记202000元。

  （8）借：工程物资　　　　　　　　　　　　　　　　300000
     贷：银行存款　　　　　　　　　　　　　　　300000

  现金流量分析：在"购建固定资产支付的现金"项目中标记300000元。

  （9）借：在建工程　　　　　　　　　　　　　　　　456000
     贷：应付职工薪酬——工资　　　　　　　　　400000
      　　　——福利　　　　　　　　　　　56000

  现金流量分析：不标记。工资在发放时、福利在使用时，再进行标记。

  （10）借：在建工程　　　　　　　　　　　　　　　300000
     贷：长期借款——应计利息　　　　　　　　　300000

  现金流量分析：不标记，利息在支付时再标记。

  （11）借：固定资产　　　　　　　　　　　　　　　2800000
     贷：在建工程　　　　　　　　　　　　　　2800000

  现金流量分析：不标记。

  （12）借：固定资产清理　　　　　　　　　　　　　40000
     累计折旧　　　　　　　　　　　　　　　　360000
     贷：固定资产　　　　　　　　　　　　　　400000
    借：固定资产清理　　　　　　　　　　　　　1000
     贷：银行存款　　　　　　　　　　　　　　　1000
    借：银行存款　　　　　　　　　　　　　　　1600
     贷：固定资产清理　　　　　　　　　　　　　1600
    借：营业外支出——处置固定资产净损失　　　39400
     贷：固定资产清理　　　　　　　　　　　　39400

  现金流量分析：在"处置固定资产收回的现金净额"项目中标记600元。

本例中现金流入 1600 元，现金流出 1000 元，净流入 600 元。如果是净流出，则标记在"支付其他与投资活动有关的现金"项目中。切记现金流量表中各项目的最终结果不能是负数。

（13）借：银行存款　　　　　　　　　　　　　　800000

　　　　　　贷：长期借款　　　　　　　　　　　　　　800000

现金流量分析：在"取得借款收到的现金"项目中标记 800000 元。

（14）借：银行存款　　　　　　　　　　　　　　1638000

　　　　　　贷：主营业务收入　　　　　　　　　　　　1400000

　　　　　　　　应交税费——应交增值税（销项税额）　238000

现金流量分析：在"销售商品收到的现金"项目中标记 1638000 元。

（15）借：银行存款　　　　　　　　　　　　　　400000

　　　　　　贷：应收票据　　　　　　　　　　　　　　400000

现金流量分析：在"销售商品收到的现金"项目中标记 400000 元。

（16）借：银行存款　　　　　　　　　　　　　　57000

　　　　　　贷：投资收益　　　　　　　　　　　　　　57000

现金流量分析：在"取得投资收益收到的现金"项目中标记 57000 元。

（17）借：固定资产清理　　　　　　　　　　　　500000

　　　　　累计折旧　　　　　　　　　　　　　　300000

　　　　　　贷：固定资产　　　　　　　　　　　　　　800000

　　　　借：银行存款　　　　　　　　　　　　　　600000

　　　　　　贷：固定资产清理　　　　　　　　　　　　600000

　　　　借：固定资产清理　　　　　　　　　　　　100000

　　　　　　贷：营业外收入——处置固定资产净收益　　100000

现金流量分析：在"处置固定资产收回的现金净额"项目中标记 600000 元。

（18）借：短期借款　　　　　　　　　　　　　　500000

　　　　　应付利息　　　　　　　　　　　　　　25000

　　　　　　贷：银行存款　　　　　　　　　　　　　　525000

现金流量分析：在"偿还债务支付的现金"项目中标记 500000 元；在"偿付利息支付的现金"项目中标记 25000 元。注意在收回债权时，应将收到的本金和利息分别标记在这两个项目中。

（19）借：现金　　　　　　　　　　　　　　　　1000000

　　　　　　贷：银行存款　　　　　　　　　　　　　　1000000

现金流量分析：不标记。因为现金内部增减变动，没引起现金流量变动。

（20）借：应付职工薪酬　　　　　　　　　　　　　1000000

　　　　　贷：现金　　　　　　　　　　　　　　　　1000000

现金流量分析：在"购建固定资产支付的现金"项目中标记 400000 元；在"支付给职工的现金"项目中标记 600000 元。注意在支付职工薪酬时，一定要结合计算确认薪酬费用的业务来进行分析。计算发放在建工程人员的薪酬属于投资活动；计算发放其他人员的薪酬属于经营活动。此例就应该结合（9）、（21）进行分析。

（21）借：生产成本　　　　　　　　　　　　　　　550000

　　　　　制造费用　　　　　　　　　　　　　　　　20000

　　　　　管理费用　　　　　　　　　　　　　　　　30000

　　　　　贷：应付职工薪酬——工资　　　　　　　　600000

现金流量分析：不标记。

（22）借：生产成本　　　　　　　　　　　　　　　　77000

　　　　　制造费用　　　　　　　　　　　　　　　　　2800

　　　　　管理费用　　　　　　　　　　　　　　　　　4200

　　　　　贷：应付职工薪酬——福利　　　　　　　　　84000

现金流量分析：不标记。

（23）借：财务费用　　　　　　　　　　　　　　　　43000

　　　　　贷：应付利息　　　　　　　　　　　　　　　23000

　　　　　　　长期借款——应计利息　　　　　　　　　20000

现金流量分析：不标记。

（24）借：生产成本　　　　　　　　　　　　　　　1400000

　　　　　贷：原材料　　　　　　　　　　　　　　　1400000

　　　　借：制造费用　　　　　　　　　　　　　　　100000

　　　　　贷：低值易耗品　　　　　　　　　　　　　100000

现金流量分析：不标记。

（25）借：生产成本　　　　　　　　　　　　　　　　70000

　　　　　制造费用　　　　　　　　　　　　　　　　　5000

　　　　　贷：材料成本差异　　　　　　　　　　　　　75000

现金流量分析：不标记。

（26）借：管理费用——无形资产摊销　　　　　　　　120000

　　　　　贷：累计摊销　　　　　　　　　　　　　　120000

借：管理费用——印花税　　　　　　　　　20000

　　制造费用　　　　　　　　　　　　　180000

　　贷：银行存款　　　　　　　　　　　　　　　200000

　　现金流量分析：在"支付其他与经营活动有关的现金"项目中标记20000元；在"购买商品支付的现金"项目中标记180000元。注意企业在生产过程中记入生产成本、制造费用而产生付现（不包括薪酬付现）时，应视同为购买商品活动。

（27）借：制造费用——折旧费　　　　　　　160000

　　　　管理费用——折旧费　　　　　　　　40000

　　　　贷：累计折旧　　　　　　　　　　　　　　200000

　　现金流量分析：不标记。

（28）借：银行存款　　　　　　　　　　　　102000

　　　　贷：应收账款　　　　　　　　　　　　　　102000

　　　　借：资产减值损失　　　　　　　　　　1800

　　　　　　贷：坏账准备　　　　　　　　　　　　　1800

　　现金流量分析：在"销售商品收到的现金"项目中标记102000元。

（29）借：销售费用　　　　　　　　　　　　20000

　　　　贷：银行存款　　　　　　　　　　　　　　20000

　　现金流量分析：在"支付其他与经营活动有关的现金"项目中标记20000元。

（30）借：生产成本　　　　　　　　　　　　467800

　　　　贷：制造费用　　　　　　　　　　　　　　467800

　　　　借：库存商品　　　　　　　　　　　2564800

　　　　　　贷：生产成本　　　　　　　　　　　　2564800

　　现金流量分析：不标记。

（31）借：销售费用——广告费　　　　　　　20000

　　　　贷：银行存款　　　　　　　　　　　　　　20000

　　现金流量分析：在"支付其他与经营活动有关的现金"项目中标记20000元。

（32）借：应收票据　　　　　　　　　　　　585000

　　　　贷：主营业务收入　　　　　　　　　　　　500000

　　　　　　应交税费——应交增值税（销项税额）　　85000

　　现金流量分析：不标记。

（33）借：财务费用　　　　　　　　　　　　40000

银行存款	545000
贷：应收票据	585000

现金流量分析：在"销售商品收到的现金"项目中标记 545000 元。注意票据贴现产生的财务费用属于经营活动引起的，不作为筹资活动对待。

（34）借：现金　　　　　　　　　　　　　　　　100000

　　　　　贷：银行存款　　　　　　　　　　　　　　100000

现金流量分析：不标记。

（35）借：管理费用——劳动保险费　　　　　　　100000

　　　　　贷：现金　　　　　　　　　　　　　　　　100000

现金流量分析：在"支付其他与经营活动有关的现金"项目中标记 100000 元。

（36）借：营业税金及附加　　　　　　　　　　　4000

　　　　　贷：应交税费——应交教育费附加　　　　4000

现金流量分析：不标记。

（37）借：应交税费——应交增值税（已交税金）　200000

　　　　　应交税费——应交教育费附加　　　　　4000

　　　　　贷：银行存款　　　　　　　　　　　　　204000

现金流量分析：在"支付的各项税费"项目中标记 204000 元。

（38）借：主营业务成本　　　　　　　　　　　　1500000

　　　　　贷：库存商品　　　　　　　　　　　　　1500000

现金流量分析：不标记。

（39）本年应交所得税 =（677600−60000）×25% = 154400（元）

借：所得税费用　　　　　　　　　　　　　　　154400

　　　　　贷：应交税费——应交所得税　　　　　　154400

　　借：本年利润　　　　　　　　　　　　　　　154400

　　　　　贷：所得税费用　　　　　　　　　　　　154400

现金流量分析：不标记。

（40）借：长期借款　　　　　　　　　　　　　　2000000

　　　　　贷：银行存款　　　　　　　　　　　　　2000000

现金流量分析：在"偿还债务支付的现金"项目中标记 2000000 元。

（41）借：应交税费——应交所得税　　　　　　　154400

　　　　　贷：银行存款　　　　　　　　　　　　　154400

现金流量分析：在"支付其他与经营活动有关的现金"项目中标记 154400 元。

（42）借：主营业务收入　　　　　　　　　　　　　2500000

　　　　营业外收入　　　　　　　　　　　　　　100000

　　　　投资收益　　　　　　　　　　　　　　　 60000

　　　　贷：本年利润　　　　　　　　　　　　　　　　　2660000

　　　借：本年利润　　　　　　　　　　　　　　1982400

　　　　贷：主营业务成本　　　　　　　　　　　　　　　1500000

　　　　　销售费用　　　　　　　　　　　　　　　　　 40000

　　　　　营业税金及附加　　　　　　　　　　　　　　　4000

　　　　　管理费用　　　　　　　　　　　　　　　　　314200

　　　　　财务费用　　　　　　　　　　　　　　　　　 83000

　　　　　资产减值损失　　　　　　　　　　　　　　　　1800

　　　　　营业外支出　　　　　　　　　　　　　　　　 39400

现金流量分析：不标记。

（43）借：利润分配——提取法定盈余公积　　　　　52320

　　　　贷：盈余公积——法定盈余公积　　　　　　　　 52320

　　　借：利润分配——提取任意盈余公积　　　　　26160

　　　　贷：盈余公积——任意盈余公积　　　　　　　　 26160

现金流量分析：不标记。

（44）借：利润分配——未分配利润　　　　　　　　78480

　　　　贷：利润分配——提取法定盈余公积　　　　　　 52320

　　　　　利润分配——提取任意盈余公积　　　　　　 26160

　　　借：本年利润　　　　　　　　　　　　　　523200

　　　　贷：利润分配——未分配利润　　　　　　　　　523200

现金流量分析：不标记。

　　平时在对每一笔业务都进行现金流量标记后，期末汇总每一个项目的金额，将汇总的金额录入现金流量表中，则现金流量表编制完成。

　　现金流量各项目标记的结果如下：

项目	标记过程	结果
1. 销售商品、提供劳务收到的现金	（14）1638000+（15）400000+（28）102000+（33）545000	2685000
2. 收到的税费返还		
3. 收到其他与经营活动有关的现金		

续表

项目	标记过程	结果
4. 购买商品、接受劳务支付的现金	（1）200000 +（2）351000 +（4）233532 +（26）180000	964532
5. 支付给职工以及为职工支付的现金	（20）600000	600000
6. 支付的各项税费	（37）204000+（41）154400	358400
7. 支付其他与经营活动有关的现金	（26）20000 +（29）20000 +（31）20000 +（35）100000	160000
8. 收回投资收到的现金	（6）33000	33000
9. 取得投资收益收到的现金	（16）57000	57000
10. 处置固定资产、无形资产和其他长期资产收回的现金净额	（12）600+（17）600000	600600
11. 处置子公司及其他营业单位收到的现金净额		
12. 收到其他与投资活动有关的现金		
13. 购建固定资产、无形资产和其他长期资产支付的现金	（7）202000+（8）300000+（13）400000	902000
14. 投资支付的现金		
15. 取得子公司及其他营业单位支付的现金净额		
16. 支付其他与投资活动有关的现金		
17. 吸收投资收到的现金		
18. 取得借款收到的现金	（13）800000	800000
19. 收到其他与筹资活动有关的现金		
20. 偿还债务支付的现金	（18）500000+（40）2000000	2500000
21. 分配股利、利润或偿付利息支付的现金	（18）25000	25000
22. 支付其他与筹资活动有关的现金		

参考文献

［1］孙永健. 会计做账 10 日通［M］. 北京：经济管理出版社，2011.

［2］方文彬，邢铭强，索晓辉. 商业会计真账演练［M］. 北京：中国宇航出版社，2012.

［3］范纪珍. 会计做账一点通（第 2 版）（真账实操教新会计做账报表）［M］. 北京：中国纺织出版社，2013.

图书在版编目（CIP）数据

会计做账实务/姚和平著 . —北京：经济管理出版社，2015. 6
ISBN 978-7-5096-3649-7

Ⅰ. ①会…　Ⅱ. ①姚…　Ⅲ. ①会计方法-基本知识　Ⅳ. ①F231. 4

中国版本图书馆 CIP 数据核字（2015）第 047775 号

组稿编辑：王格格
责任编辑：谭　伟　王格格
责任印制：司东翔
责任校对：雨　千

出版发行：经济管理出版社
　　　　　（北京市海淀区北蜂窝 8 号中雅大厦 A 座 11 层　100038）
网　　址：www. E-mp. com. cn
电　　话：（010）51915602
印　　刷：北京晨旭印刷厂
经　　销：新华书店
开　　本：720mm×1000mm/16
印　　张：17
字　　数：306 千字
版　　次：2015 年 6 月第 1 版　2015 年 6 月第 1 次印刷
书　　号：ISBN 978-7-5096-3649-7
定　　价：39. 00 元